本书为2021年度湖南省自科基金科教联合项目（编号：2021JJ60061）研究成果

# 职业教育产教融合研究

姜华斌◎著

吉林人民出版社

图书在版编目（CIP）数据

职业教育产教融合研究 / 姜华斌著. -- 长春：吉林人民出版社，2023.6
ISBN 978-7-206-20081-6

Ⅰ.①职… Ⅱ.①姜… Ⅲ.①职业教育—产学合作—研究—中国 Ⅳ.①G719.2

中国国家版本馆CIP数据核字（2023）第117162号

责任编辑：王一莉
封面设计：清　风

# 职业教育产教融合研究
ZHIYE JIAOYU CHANJIAO RONGHE YANJIU

| | |
|---|---|
| 著　　者： | 姜华斌 |
| 出版发行： | 吉林人民出版社（长春市人民大街7548号　邮政编码：130022） |
| 咨询电话： | 0431-85378033 |
| 印　　刷： | 长春市昌信电脑图文制作有限公司 |
| 开　　本： | 787mm×1092mm　　1/16 |
| 印　　张： | 13　　　　　　　字　　数：200千字 |
| 标准书号： | ISBN 978-7-206-20081-6 |
| 版　　次： | 2023年6月第1版　　印　　次：2023年6月第1次印刷 |
| 定　　价： | 58.00元 |

如发现印装质量问题，影响阅读，请与出版社联系调换。

# 目 录

**第一章 职业教育产教融合的历史与现状** …… 001
    第一节 职业教育产教融合的历史演进 …… 001
    第二节 职业教育产教融合历史演进的特点 …… 023
    第三节 职业教育产教融合的现实状况 …… 031
    第四节 职业教育产教融合存在的问题 …… 036

**第二章 职业教育产教融合的理论分析** …… 040
    第一节 职业教育产教融合的内涵与价值 …… 040
    第二节 职业教育产教融合的理论依据 …… 046
    第三节 职业教育产教融合的利益相关者 …… 049

**第三章 职业教育产教融合的政策分析** …… 072
    第一节 职业教育产教融合的政策要素分析 …… 072
    第二节 职业教育产教融合的政策现状分析 …… 077
    第三节 职业教育产教融合政策的困境与成因分析 …… 097

**第四章 职业教育产教融合的教学分析** …… 111
    第一节 我国职业教育产教融合教学的问题与原因 …… 113
    第二节 国外职业教育产教融合教学的做法与经验 …… 118
    第三节 职业教育产教融合教学的优化策略 …… 130

**第五章 国外职业教育产教融合的经验与借鉴** …… 140
    第一节 国外职业教育产教融合的做法与经验借鉴 …… 140

第二节　国外职业教育产教融合的启示 …………………………… 165

**第六章　职业教育产教融合的促进机制**…………………………… 175
　　第一节　完善职业教育产教融合政策机制 ………………………… 175
　　第二节　健全职业教育产教融合制度机制 ………………………… 180
　　第三节　形成职业教育产教融合文化机制 ………………………… 184
　　第四节　构建职业教育产教融合保障机制 ………………………… 187
　　第五节　建立职业教育产教融合运行机制 ………………………… 193

# 第一章 职业教育产教融合的历史与现状

在职业教育的发展史上,先后形成了半工半读、工学交替、产教结合、校企合作、产教融合、双导师制、"双主体"办学、"订单式"培养、工学结合等概念及定义用于理论研究和指导实践创新。这些概念基于我国特有的历史进程与时代特征,是在职业教育的本质内涵上产生的。虽然这些概念的关注重点和外延范围有所差别,但其对职业教育实质特点的总结概括以及运用其指导实践的作用是相互关联的。在实践方面,中央政府、地方政府及各级职能部门在政策制定和管理上做出许多努力,颁布了许多促进院校和企业进行产教融合的政策与文件,职业院校开展了许多产教融合的实践尝试,在实践操作过程中呈现出鲜明的历史底蕴和中国特色。

## 第一节 职业教育产教融合的历史演进

依据所处的历史阶段,不断深化对产教融合规律的认识,科学合理地制定产教融合政策,促进产教融合的可持续化发展是产教融合政策最高目标。研究我国职业教育产教融合发展进程及历史演进,首先应从政策文件出发,对其文本内容进行梳理,得到有研究意义的政策文本;其次应对其历史演进阶段进行划分,以便清晰了解产教融合政策演进的历史逻辑,更好地理解产教融合政策。

## 一、职业教育产教融合历史阶段的划分依据

### （一）时间跨度

时间跨度是影响职业教育产教融合历史阶段划分的重要依据。职业教育产教融合的演进是存在于具体时间之中的，其概念演进、政策制定与体制改革通常与我国经济发展和经济体制改革进程相伴随，职业教育的体系建设和体制改革是在经济改革循序渐进的基础上进行的。职业教育产教融合历史演进阶段划分的时间跨度太小的话就无法准确掌握产教融合演进的基本取向[①]。同时，要把握职业教育产教融合发展的关键时间节点。

### （二）发展背景

影响职业教育产教融合历史阶段划分的另一个主要依据是发展背景。我国职业教育产教融合是在一定历史时期，为达成一定的目的，解决产教在融合过程中所产生的问题，促进产教融合发展而制定的行为准则或行为规范。职业教育产教融合政策的制定是基于国际视野、国家需求、社会反响、教育发展及公民需要[②]，如果产教融合历史阶段的划分不依据发展背景，阶段的划分将失去其意义和价值。

## 二、职业教育产教融合历史阶段的划分

根据历史在演进过程中按照时间跨度和发展背景两大划分依据，按照历史阶段和分期的方式，寻求我国职业教育产教融合在发展过程中产生阶段性变化和进步的重要时间点。通过系统的整理分类，本书将我国职业教育产教融合的历史进程划分为五个阶段：产教融合起步探索阶段（1952—1977）、产教融合初步成长阶段（1978—1992）、产教融合发展成熟阶段（1992—2001）、产教融合发展转型阶段（2002—2012）、产教融合深化阶段（2013年至今）。

---

① 吴锡俊. 文化产业政策设计与政府职能转变[M]. 北京：北京联合出版公司，2014：68.
② 祁占勇. 职业教育政策研究[M]. 北京：教育科学出版社，2018：192.

### （一）产教融合起步探索阶段（1952—1977）

1952—1977年为我国职业教育产教融合的起步探索阶段。新中国刚刚成立时，我国的经济发展以农业经济为主，社会经济十分落后且破坏严重，国家各个行业百废待兴，急需要通过社会建设与改造来实现中国社会改造，经济改组。在此背景下，国家建设和经济改造是我国国家及社会发展的重点，以提高国民经济生产总值和完成社会主义工业化为先。因此，这个时期我国专门出台与职业教育产教融合有关的政策，在其他政策中也有所体现。这些政策文件包括《关于整顿和发展中等技术教育的指示》（1952年）、《关于教育工作的指示》（1958年）、《关于颁发技工学校通则等三个文件的通知》（1961年）。通过梳理这三大文件的政策文本，寻找到其中有关于产教融合的内容，可以明确以下几点：第一，"学校必须与有关的工厂矿山、农场等建立密切联系[①]"，"学校办工厂和农场，工厂和农业合作社办学校[②]"，明确了当时的职业学校，必须和厂矿企业、农业等相关行业联系。第二，"教育与生产劳动结合[③]"，将教育与生产劳动相结合作为处理教育和产业关系的指导思想，被列入我国的教育方针[④]，指导我国的教育实践，将职业教育进一步和产业联系起来。第三，"实行半工半读"，实现课堂教学与工作实践相结合，用书本知识指导实际工作。

在这一阶段内，产教结合、工学结合、产教融合等部分专业概念及专有名词已经正式在相关的政策文件中被提出来并用于实践；经济产业部门和教育部门、教育机构合作办学，共建学校，开创了多元主体与多种力量协力参与产教融合的开创性局面；首次以法律的形式确保了教育和产业相结合的合法地位；催生出工学结合、订单式培养等许多具有创新性、科学性、合理性的产教融合的合作形式，职业学校和行业企业相结合在这一阶段有了许多的探索和尝试。产教融合政策在这个时期也衍生出巨大的原创

---

[①] 周恩来. 政务院关于整顿和发展中等技术教育的指示[EB/OL]. http://www.china.com.cn/guoqing/2012-09/05/content_26746375.htm.

[②] 中共中央国务院关于教育工作的指示[J]. 江苏教育，1958（18）：4-6.

[③] 中共中央国务院关于教育工作的指示[J]. 江苏教育，1958（18）：4-6.

[④] 肖化移，胡希. 职业教育产教融合政策的演进阶段、特点及趋势——基于政策文本的分析[J]. 深圳职业技术学院学报，2022，21（04），3-14.

性和活力，从指导思想、办学目标、合作形式、人才定位、办学制度勾勒出我国职业教育产教融合政策的雏形，为下一阶段的政策制度提供了理论基础。但是在这一阶段，我国产教融合政策的初步建立并不是一路坦途。在"文化大革命"期间，由于受到"四人帮"反革命集团"左"倾思想的影响，教育与生产劳动相结合的指导思想被淹没在实践中，教育领域正常的教学秩序被打破，教育事业长期处于瘫痪和混乱状态，给我国的教育事业带来了严重的冲击。在职业教育领域，大批的职业学校、农业学校、中等专业学校、技工学校受到影响和摧残，被迫停止办学，教育与生产劳动相结合也成为一纸空谈，在实践当中彼此分离，渐行渐远，因此产教融合及其政策的探索也陷入了裹足不前的危机中。

## （二）产教融合初步成长阶段（1978—1992）

1978年，我们党召开了十一届三中全会，标志着我国进入改革开放的伟大时期。这一阶段我国以经济建设为中心，从社会主义计划经济向市场经济转变，先后推进了一系列变革性实践——1978年中共十一届三中全会正式提出改革开放、1982年党的十二大提出经济体制改革要坚持"计划经济为主、市场调节为辅"的原则、1992年中共十四大明确提出建立社会主义市场经济体制，取得了一系列成果[①]。在这期间，职业教育产教融合相关政策重点强调了以下几方面：在管理治理方面，"经济部门与教育部门加强合作"；在办学力量上，"行业、企事业单位与各方面联合办学"；在教育教学方面，"学校与企业共建校外实习实践基地"。除此之外，产教融合政策也在教学手段、合作课程、质量评价等方面进行了积极的探索，与此同时，这一系列举措在"大家办""联合办"等职业教育改革实践中得到了充分展现。

### 1. 职能部门的分工合作

按照发展历程，马克思将分工与协作分为两个阶段：第一阶段是人类早期为了生存需要形成的相互依存与相互帮助；第二阶段表现为工业社

---

[①] 周晶. 中国职业教育发展的根本方向——40年来职业教育产教融合发展的历程、规律与创新[J]. 职业技术教育，2018，39（18），6-16.

会分工体系基础上的工具协作。其中在权力或组织结构的安排下所开展的这种协作性活动，尽管不是马克思所追求的真正意义上的合作，却也在生产力水平不发达条件下形成了推动事物发展的合力。20世纪80年代实行改革开放，当时我国的社会生产水平低下，国家财力储蓄和财政拨款力量有限。在职业教育办学上，需要多方力量和多元主体参与，因此，这一时期扩大职业教育办学规模的基本方式和手段就是"大家办""联合办"。在这一背景下，多元主体的参与亟须政府机构和治理部门的分工与协作，确保职业教育发展的安全与稳定。

各职能部门的分工合作是推动职业教育产教融合进一步发展的重要保障。1983年5月，教育部、劳动人事部、财政部、国家计委联合颁布的《关于改革城市中等教育结构、发展职业技术教育的意见》提出："各级政府要加强统一领导，有关部门要明确分工，各负其责，搞好协作。"1986年6月，国家教育委员会、国家计划委员会、国家经济委员会联合下发了《关于经济部门和教育部门加强合作促进就业前职业技术教育发展的意见》，为各级经济部门与教育部门的合作指明方向，实现教育与经济相互促进、相互发展。地方层面按照"经济部门与教育部门加强合作""各地经委与教委共同帮助本地区企业与各类职业技术学校对口建立必要的协作联系"等文件精神，进一步推动职业教育产教融合发展[1]。

2. 联合办学的生动实践

按照相关政府和政策文本的指示，同时也是为了满足我国职业教育在实际操作中的需要，各级地方人民政府、学校和企业在城市职业教育、城乡职业教育和农村职业教育领域深入开展了一系列合作办学实践。实践表明，各级教育部门尤其是当地教育职能部门在企业与事业单位的联合办学当中所展现出来的力量和优势是最大的，双方能够利用各方的优势展现出合力办学的效益最大化，同时在社会范围内产生了较大的社会影响力和正面宣传力。为了全方位深层次具体化展示当时职业教育办学力量和治理体

---

[1] 周晶. 中国职业教育发展的根本方向——40年来职业教育产教融合发展的历程、规律与创新[J]. 职业技术教育，2018，39（18），6-16.

制的改革情况，展现职业教育产教融合的社会效果和实践意义，我们在此处选取了一些具体案例，以供参考。

河北省唐山市（1980—1983年）：唐山市委市政府把职业教育发展以及职业教育改革工作列入重要议事日程，同时在管理机制上专门设立了一名副市长，主管当时的职业教育工作。对职业教育的发展工作充分给予地方财政的倾斜和支持，其举措包括：在制订经济计划和教育计划的战略规划的基础上，每年由劳动部门、教育部门和行业企业共同协商确定职业教育院校的计划招生人数和专业开设类别；完善健全行业企业招聘制度，强调从职业院校毕业生中择优录取；提高教师的专业能力和企业经验，提高师资质量；丰富教学内容；加深校企合作的深度，规定学生采用半工半读的形式。缺乏对接企业的学校，则可在政府支持下自行开设工厂，解决学生的实习与实操问题。这一时期唐山市的职业教育取得了不错成绩，1982年初中毕业的考生中，有超过62.3%的学生选择了填报职业技术学校，并且在接受过相应学年的职业教育与培训之后，做到了学生毕业即上岗、上岗即适岗的现象。

吉林省农安县（1979—1983年）：在中央改革中等职业教育结构的要求下，农安县在扩大中等职业教育规模上，选用了将普校改职校的举措，以期建成更多的中等职业学校。但由于受到县经济发展的制约，在改组后期遇到了教育经费紧张、专业课师资力量匮乏、教学设施和实训基地不完备等困境。1982年，在吸取经验及政策文件的指导下，农安县及时止损，转变思维，决定采取"部门为主、联合办学"的新办学方法与发展思路，以水利局等13个事业单位为主体，与县内11个乡镇开展联合办学，共新创建了15所职业学校。同时在全县的总体规划和发展纲要中，增添了发展本地的农业技术教育和职业教育的内容和安排。而且各个部门各尽其责，合力协作，聚力谋划，共助当地职业教育及职业学校的发展。在组织及领导构成上，校长通常由主管部门或乡镇的主要负责人兼任，同时由教育部门选派一名常务副校长，具体解决职业学校在办学过程中遇到的问题，提高了办学的效率和效果。

湖北省沙市（1980—1985年）：1980年8月，为严格落实职业教育产教融合的相关政策，政府部门高度重视，积极扩大职业教育发展规模，沙市二中、四中、八中与当地政府及相关部门积极配合、通力协作，联合举办了三个职业高中班。但当地学生还是不愿意就读于职业班，学生数量不多，流失现象严重。当地企业和工厂可以直接从社会上招聘工人，意味着中学毕业生不需要经过培训就可以参加工作，这大大减少了学生就读职业班的数量。为此，工厂也不愿意拿出财力和精力来开设职业技术学校。1982年12月沙市制定了《沙市劳动合同制试行办法》，规定劳动合同必须实行"先培训、后就业"就业资格制度，于次年在全市实行，企业若是想招聘工人，必须在企业当中开设相关的培训部门，或者送员工去参与相关的培训课程。为了减少培训费用，提高工作效率，沙市的企业在举办职业学校上展现出了极大的热情，学生选择就读职业院校的积极性和主动性随之提高。企业主要通过以下两种形式开展办学：一是鼓励支持企事业单位发展，发挥当地大中型企业的优势作用和经营力量自行开办学校，招收学生开展职业教育与培训的相关系列工作，实现"产教结合"。二是经济部门按照专业大类或系统大类与教育相关部门联合办学，实现先教后用。在职业学校专业开设上，将职业教育所培养的人才作为经济发展的重要人力资源储备力量，结合市场需求和区位优势，实现专业发展与经济发展相融合。在教学过程中强调理实结合，注重让学生在实习或实践操作中学以致用。1990年，沙市已形成企事业单位办学以及与教育部门联合办学的势态。

典型案例应当具有两种价值，其一：案例属常态事件，能够客观真实地反映出日常变化及过程，也就是能够真实反映职业教育产教融合的发展进程。其二：通过案例研究，能够激发相关研究者、治理者、实践者对于产教融合问题的认知冲突，从而引发进一步思考和探索。在上述列举的关于职业教育产教融合的区域案例中既有经验教训、典型困难，也有反思建议，从中寻找解决实际问题的真方法和真思路。沙市职业教育产教融合的经验总结，不仅是当时我国职教办学的一个简单缩影，更是我国当时引进德国"双元制"职业教育办学模式的一个试点。1985年，苏州、无锡、常州、沙市、沈阳、芜湖6市先后采用德国"双元制"职业教育模式，先行试点[①]。在试点之初,各市都纷纷建立了领导小组,其组织人员架构通常是由各市负责教育工作的副市长或市长担任组长,其余安排计划、财政、劳动、教育及相关行业企业的工作人员合力组建了指导小组领导班子,方便各方沟通与协作。同时,为了解决毕业生的就业问题,在规划之初就计划了毕业考核和就业待遇等各方面的措施,以帮助试点计划的顺利完成。职业教育产教融合在实践过程中充分发挥了各方主体和各种力量参与办学的优势,在全国范围内引起了较大的反响和讨论,也为其他地区探索本土化的双元制模式提供了经验。

3. 教学层面的理论与实践相结合

职业教育人才培养很重要的一个方面就是实操方面的练习,也就是学生的实习实训问题。就职业教育产教融合的教学层面内容来说,产教融合的主要内容包括:建立校内外实习实训基地,促进学生增强理论学习与动手实践相结合,促进双方建立友好的合作关系。按照我国《全日制中等专业学校工作条例》(征求意见稿,1979)、《关于制定和修订全日制普通中等专业学校(四年制)教学计划的意见》(1986)、《技工学校工作条例》(1986)、《关于开展普通中等专业学校教育评估工作的通知》(1991)等一系列设置了职业教育产教融合教学标准和课程标准的政策文件,各职业学校加强了专业课教师力量配备,在有能力的条件下,校内开展学生实习实训基地建设,在校内开设了校办工厂或农场。同时在校外结合外部力量办起了若干校外实习实训基地,按照教学标准和培养目标,将校内基地与校外基地相结合,切实增强学生的动手操作能力,将生产劳动与教学、科学技术的应用与教学结合,增强职业教育的服务性和适应性。

一系列实践活动纷纷证明,校企合作、联合办学,在增加教育经费、增强师资力量、扩建实习场地、解决就业问题等方面提供了很好的帮助和解决办法,使得职业教育产教融合真正落到实处,并且产生积极的教育效果和经济效益。我们从沙市职业教育的发展进程和经验总结中可以得知:

---

① 周晶. 中国职业教育发展的根本方向——40年来职业教育产教融合发展的历程、规律与创新[J]. 职业技术教育,2018,39(18),6-16.

"只有政府高度重视，各部门通力合作，才能发展好职业教育。"厦门在职业教育发展中也收获了"对口联办、供求见面、以销定产、学习致用、提高效益"的宝贵经验。

### （三）产教融合发展成熟阶段（1992—2001）

在党的第十四次全国代表大会上，我们党正式提出了建立"社会主义市场经济体制"的目标，开创了经济体制改革的新实践。在职业教育产教融合领域，1991年《国务院关于大力发展职业技术教育的决定》（国发〔1991〕55号）明确"提倡产教结合，工学结合"；1993年中共中央、国务院颁布《中国教育改革和发展纲要》强调："要在政府的指导下，提倡联合办学，走产教结合的路子，更多地利用贷款发展校办产业，增强学校自我发展的能力，逐步做到以厂（场）养校。""产教结合"成为热点词和关键词，同时也成为理论研究和实践操作的重点领域。

自改革开放后，各地区各省市分别以"改革"和"开放"为目的和指导思想，进行了一系列的实践。改革开放背景下，我国经济发展迸发出源源不断的活力，国民生产总值不断提高，人均收入不断提升，人民幸福感不断增强。在开放宽容的社会环境下，我国的教育事业和职业教育事业也得到了恢复和重建。这一历史发展阶段内，虽然我国的教育部门并没有出台专门有关于职业教育产教融合的政策文本，但在国家先后出台的《关于大力发展职业技术教育的决定》《关于加快教育改革和发展的若干意见》《关于印发中国教育改革和发展纲要的通知》《中华人民共和国职业教育法》《关于大力发展职业教育的决定》《关于印发教育信息化十年发展规划（2011—2020年）的通知》等一系列政策中，都体现出产教融合体系逐步完善、范围逐步扩大、内容逐渐细致、层次不断深化、操作性不断加强的特点，提高了职业教育产教融合参与主体和参与力量的规范性。

对于不同的参与机构和力量，国家分别给出了相应指示。其中对职业院校的指示包含有：合理有效利用贷款助推学校产业及企业的成立与发展，进一步增强产业和企业自身的创收能力与内生动力，实现学校的自给自足；加强专门供给学生用于实操训练的实习实训基地的建设；在专业设置方面，合理参考行业需求和企业单位用人要求，并根据经济社会的不断发展及时调整专业设置，与时俱进；在教学层面，要引进新技术增强教学的实践性和可操作性，增强学生的职业能力；聘用在企事业单位中具有实践经验的技术人员、管理人员和能工巧匠担任学校教师，参与学校日常的教学、管理和建设活动；为在职教师提供专业进修的机会，帮助其到企业进行见习和锻炼，完善教师进修提升制度和企业实践制度；鼓励学生开展弹性学习，合理分配理论学习和实践操作的时间安排，利用学分制度灵活完成学业；鼓励学校和企业开展互助协作的"订单式"人才培养模式，实现人才培养的专业对口[1]；建立有行业企业参加的办学咨询和教学指导机构[2]。

对企业做出的指示：积极配合职业院校的教学活动，为学校提供学生实习实验所需要的操作设备和场地，促进实践教学工作的展开；有责任义务接受并帮助相关职业院校及其师生开展实习与实践活动，完善学生接收实习制度，辅助教师完成相应的实践进修和能力提升[3]；采用现代化的信息手段辅助教学，利用数字传媒将企业的生产过程、工作流程及时传输到课堂，实现课堂的数字化和真实化[4]；鼓励校企合作，派遣专家参加学校人才培养计划、教学计划及课程教材等内容的设计与制定，鼓励派遣优秀职员成为学校的兼职教师，提高职业学校的师资力量[5]。

对行业做出的指示：借助行业力量和优势创办职业学校，成立职业培训机构[6]；组织专业人才和骨干在市场人才需求分析、职业教育人才培养定位、专业建设、课程开发以及师资培训等方面发挥有效力量[7]，对行业参与职业教育进行工作协调，给予业务指导；在学校评价机制上完善实行行业参与评价制度，构建行业指导工作体系[8]，充分保证职业教育学生培养质量，切实推动职业教育促进当地经济发展。

---

[1] 国务院. 关于大力推进职业教育改革与发展的决定[Z]. 2002-8-24.
[2] 教育部. 关于充分发挥行业指导作用推进职业教育改革发展的意见[Z]. 20011-6-23.
[3] 教育部. 关于推进中等和高等职业教育协调发展的指导意见[Z]. 2011-8-30.
[4] 教育部. 关于印发教育信息化十年发展规划（2011—2020年）的通知[Z]. 2012-3-12.
[5] 国务院. 关于大力发展职业教育的决定[Z]. 2005-10-28.
[6] 国务院. 关于大力发展职业教育的决定[Z]. 2005-10-28.
[7] 教育部. 关于全面推进素质教育、深化中等职业教育教学改革的意见[Z]. 2000-3-21.
[8] 教育部. 关于充分发挥行业指导作用推进职业教育改革发展的意见[Z]. 2011-6-23.

## 第一章 职业教育产教融合的历史与现状

对各级政府做出的指示：在国家行政法规的指导下，制定地方性法规，以文本或法律的形式明确政府、学校、企业、行业各方力量在职业教育产教融合、校企合作中的法律地位以及应该承担的责任和义务；支持鼓励职业学校发展校办企业，鼓励职业学校和企业一起合作开办企业，通过减免税收和低息贷款的方式，提高学校和企业的办学积极性；大力提倡并鼓励学校和企业开展联合办学，集中优势力量办学[①]；鼓励企业和行业参与到学校人才培养的具体行动当中，积极投入自身力量，参与学校的教学计划，通过技术运用新产品开发等社会服务活动，丰富学校的教学内容及课程展开形式；组织相关重点企业与行业参与制定学校专业设置、课程标准、人才评估体系及评价标准[②]，开展人才需求预测，引导职业教育与行业企业需求匹配。

由于实际因素限制，产教结合方式办学体制的创新在实际的推行过程中并没有达到政府和政策所期望的预期效果。职业教育产教结合更多展示出"学校为增强自身发展内需动力而开展校办企业"，提升学校实力。如重庆市龙门浩职业中专、杭州煤炭工业学校、北安农垦职教中心学校，在这一阶段内，受到社会主义市场经济体制改革建设的影响，市场经济意识融入职业教育。部分人就提出了这样的观点"学校不仅是一个教育实体，而且要成为人才培养实体和经济实体"，坚持职业院校的发展方向应从以前的依靠财政拨款、政府帮助，逐步走向以校养校的自负盈亏的道路。到1992年底，全国共有10,818所中等职业技术学校建立校办产业和实习基地28,594个，总产值达43.84亿元，总收益达6.46亿元[③]。校办企业和实训基地的建立与发展，使得学校在一定程度上依靠自身力量能够不断提高自身供给能力，开展校园建设和教学改革实践活动，也为学生增加了在实践操作过程中锻炼自身动手能力的机会，帮助学生获得更多实践体验和实操经

---

① 国家教育委员会、国家经济贸易委员会、劳动部.关于实施《职业教育法》加快发展职业教育的若干意见[Z].教职〔1998〕2号.
② 教育部.关于全面推进素质教育，深化中等职业教育教学改革的意见[Z].教成职〔2001〕2号.
③ 周晶.中国职业教育发展的根本方向——40年来职业教育产教融合发展的历程、规律与创新[J].职业技术教育，2018，39（18），6-16.

验。但是，20世纪80年代中期到90年代中期，我国曾就教育是否应该市场化、产业化，展开过两次学术讨论和思考，其得出的共识是在市场经济中，教育事业的本质是一种拥有无限潜力和极大效益的准公共产品，政府和市场作为提供者应该通力合作，共同开展国家教育事业。同时，随着社会主义市场经济体制的改革，教育管理治理体制也必须发生相应的改变以适应发展需求。但考虑到教育的最终目的，不应该将其市场化。

其一，在这一时代经济背景下，职业教育产教结合于时代中萌发出了一种新的形式，那就是"专业产业化、产业专业化"。自党的十四届三中全会明确提出要建立现代企业制度后，许多城市和区域的地方型企业都弱化了自身提供社会职能的责任，开始分离企业与学校的合作关系。在这一时期，许多企业不愿意再将学校作为自己的合作伙伴，而将学校从自己的业务主体当中剥离出去，更加强调自身的自主性和创造力。企业与学校分开各自进行任务承担，在某种程度上减轻了企业的财政负担，但是从一定程度上弱化了企业和学校对双方各自的依赖性，不管是从物质层面上还是意识层面上，双方都减轻了之前友好合作办学的协作互助关系。但从企业当中剥离出来的学校，作为承担公益性、教育性质的教育部门，却没有从政府得到大力的支持和财政投入，相应政策不匹配，学校更多的是依靠自力更生、自给自足，去实现产教结合。随着企业自主权增强和自主性提高，在社会主义市场经济体制下，企业开办的产业自然会挤压职业学校校办产业的生存空间，给职业学校的校办产业带来一定的影响。尽管在这个时期出现了很多校办企业的典型案例，但是陷入困境的校办企业、专业办企业不在少数，不少学校的自身产业都陷入了难以持续发展和高质量发展的窘境。

其二，1998年全国上下开展政府机构改革，国务院下发了《关于调整撤并部门所属学校管理体制的决定》《关于进一步调整国务院部门单位所属学校管理体制和布局结构的决定》（1999），随后教育部也下发了《关于中等职业学校管理体制调整工作中防止中等职业教育流失问题的意见》（2000）。根据政策文件的指示和要求，之前有部门机构开办的中高等职业学校应该逐渐地脱离原生的部门，纳入省级教育部门的管辖之中，中高等职业学校的办学主权应该以地方性办学为主。这一举措彻底导致了中高等职业教育的招生管理、分配等教育指标被市场化,地方性办学让市场在职业教育的发展过程中占据了很大的话语权。行业、企业在学校的管理上话语权不高,管理权不够,出现了严重的行业缺位现象,进一步加剧了校企的严重脱节,双方渐行渐远。

其三,1995年国家教委对中专学校实行"分级管理、分工负责、条块结合、地方统筹"的管理体制。中等职业学校的招生计划从1997年开始发生了较大的变化,计划性招生与调节招生让学校在招生计划上拥有了较大的自主权,由国家负责的统包统分就业制度彻底结束。招生就业制度的改革,进一步降低了行业企业开办职业教育的积极性,在人才培养上也不像之前能够获得相应的权益,企业也不再愿意积极参与到与职业院校合作办学的事业中。

其四,受到国家财政经济的影响,当时国家财政紧张,不管是中央事业单位还是行业企业,都受到了来自社会的经济压力,因此,我国的教育事业在财政拨款上也受到极大的冲击,职业教育也受到了相应的影响,国家财政对于职业教育的支持与参与也在不断减少。

职业学校从企业当中的剥离,企业自主性及话语权的提升,导致职业院校培养的人才并不能很好地适应市场需求,培养人才与需求不匹配成为当时的普遍现象。在关注到这一实际问题后,从20世纪90年代末,学校与企业的合作再一次被大众关注。这一次国家采取了另一种方式督促学校和企业开展合作,试图通过颁布相关的法律以便进一步帮助学校和企业建立友好合作的伙伴关系。在法律的颁布与实施上,《劳动法》、《教育法》(1995)、《职业教育法》(1996)、《高等教育法》(1998)都在学校和企业开展合作、齐力办学、人才培养等方面作出了具体的规定,为二者之间的联系与合作奠定了法律基础。自此,我国产教融合发展的重点有了转换,对于产教融合的改革开始由宏观建设走向微观改革,产教融合形式由计划经济时代的"唯行业部门需要是从"逐渐转向"以市场需求为导向的合作方式"。落实到实践,尝试有社会主义市场经济特点的市场化职业教育产教融合的模式也成为这一时期的主题,并在新世纪逐步走向多元化。

### (四)产教融合发展转型阶段(2002—2012)

虽然职业教育产教融合在一定程度上取得了突破与创新,但是从整体情况上来看,我国职业教育产教融合的局面并没有打开,即使有法律法规的保障,但法律体系不完善,政策执行不到位,以及由于历史遗留下来的职业教育地位不高、社会影响力不大等因素一直阻碍着我国职业教育产教融合的真正开放。因此,如何更好地推进职业教育产教融合法律体系建设以及完善政策体系,同时从文化方面改变人民群众对于职业教育鄙薄的陈旧观念,成为此阶段的任务重点。

1. 完善引导和推进职业教育产教融合的政策体系

从职业教育的发展历程来看,我国对于职业教育产教融合其实一直采取的都是鼓励支持的态度。但是由于历史文化因素和社会经济发展因素,人民群众对于职业教育一直持鄙视的态度,社会力量对于职业教育办学也一直不是特别积极,甚至是排斥。从文化基础和历史传统上来说,我国的职业教育有着很好的产教融合的根基,进入21世纪之后,国家越发重视教育与经济的联系,采取了大量的鼓励和引导措施。就政策颁布和下发方面,在这一段时期内,在数量上我国颁布了许多促进学校和企业合作的政策,而且针对于职业教育产教融合日益地细化,还专门颁布了专项政策支持职业教育、产教融合的进一步发展。由于这一系列密集性、关联性、针对性、合理性政策的发布,推动了我国职业教育产教融合及其政策体系的建设与完善。

在宏观层面,国家对于产教融合推进具体给出了明确指示:一是要推进办学体制改革,增强与社会经济建设、人民幸福的联系与服务。逐步建立并完善在国务院领导下的分级管理、地方为主、政府统筹、社会参与的管理体制,在明确各方的职责上,依靠行业企业的力量,建设多元主体的办学格局。二是积极探索校企合作、工学结合的人才培养模式。在人才培养的深度和合作程度方面学校要更加积极主动与企业建立关系。企业也应该为学校办学贡献出自己的一份力量,为学生实践教学和实习提供必要的设施设备、场所以及教师指导,更多地通过产教融合提升学生的实际操作能力。三是进一步严格就业市场的就业准入制度,增强职业教育的服务功能,将职业教育培养的人才作为劳动就业的重要人力资源储备,为劳动力市场人才缺乏解决问题。四是加强对职业教育的正面宣传与引导，改善社会对于职业教育的陈旧观念和认识误区。国家和各级政府要积极利用优秀事迹、典型案例宣传职业教育的真正作用和正面形象，通过定期开展教育活动，表彰先进劳动模范，逐步转变人民群众和社会对于职业教育产生的刻板印象。

在专门针对职业教育产教融合发布的专项政策之中，其主要内容包含以下几点：进一步加强职业院校和企业产教融合的形式和力度，明确双方的权利与责任，明确企业在产教融合中的主体地位；在开展产教融合的形式上探索订单培养、半工半读、顶岗实习、集团化办学、现代学徒制等现代职业教育人才培养模式；关注学生在产教融合中的法律地位和权益保障，减轻学生在产教融合当中的负担，进一步创新人才培养模式，与以就业为导向的职业教育改革联系起来，促进职业学校、企业、学生三方整体态势的良好发展。

在微观政策层面上，更多地鼓励与支持行业企业参与职业教育人才培养，明确企业在产教融合中的参与方向和力度，鼓励行业企业专家在丰富自身从业经验和实践能力的基础上，帮助学校更好地制定人才培养计划与人才评估制度。企业和学校可以建立产教融合双方管理的组织机构，加强和促进产教融合的进一步深化展开，企业也要帮助学校完成实习实训基地的搭建工作。在引导职业院校重视产教融合方面，鼓励将行业企业参与人才培养和校园建设的程度纳入学校设置标准、示范性院校遴选标准等有关学校一系列的标准与指标中，提高职业院校在开展校企合作方面的意识培养和重视程度。

2. 建立和完善职业教育产教融合的治理体系

关于职业教育产教融合制度化的重要标志之一，就是产业融合治理体系的建设与完善。这一时期我国在改善职业教育产教融合实施机制方面，形成了自上而下的治理组织和机构：一是建立部际联席会议制度。2004年经国务院批准建立了由教育部牵头，发展改革委、财政部、人事部、劳动保障部、农业部、扶贫办6部门和单位组成的职业教育工作部际联席会议制度，各单位负责督促、检查、指导本部门职责范围内的有关职业教育工作政策措施的落实。不久后各省份在中央部际联席会议制度的基础下，地级市的联席会议制度也随之建立。二是成立全国职业教育改革创新指导委员会，指导委员会的主要成员由政府部门、行业协会以及企事业单位的工作人员组成，促进国家在颁布职业教育政策时更加民主、科学、合理。三是建立行业职业教育教学指导委员会。在教学指导委员会人员组成方面，从相关教育部门、行业协会、企事业单位、科研机构当中遴选专业水平高、具有较深的从业工作背景、较丰富的教学实践经验的专家和人员组成，增强与提升行业企业在产教融合中的话语权。与此同时，区域性行业指导委员会也开始逐步选择工作人员进行组建，试图在微观层面针对地方性产教融合的深入开展和改革给予科学化的指导与建议，具体从专业设置、人才培养标准、课程与教学改革、人才评价等方面做出努力。

3. 构建认识和宣传职业教育产教融合的文化推动机制

宣传作为在社会舆论和民众认知当中影响力最为深刻和持久的隐性力量之一，在改善民众对于职业教育的认识和看法上应该发挥重要的作用。在这一阶段为了使职业教育产教融合的理念能得到社会大众的正确认识、认可、接受，甚至是参与，我国利用新闻、报纸、传媒等传播媒介营造重视职业教育的文化氛围。

一是建立层次丰富、涵盖广泛的职业院校技能大赛制度。我国第一届全国性的职业院校技能大赛始于2008年，鼓励全国范围内的学校和学生积极参与职业技能大赛，其目的就是进一步增强人才培养的质量，加强学生的职业技能与市场产业的结合。技能大赛各项技能的赛事几乎都是由行业组织牵头设计，企业深入参与赛事全过程。在技能大赛当中有一项很重要的评分标准就是企业行业的评分，目的就是让学生能够进一步直接与企业需求对接，增强职业教育的适应性。职业技能大赛每年随着经济发展的需要并结合当下热点，对于赛事项目进行调整，坚持政府主导、行业指导、企业参与的办赛模式。二是开展多层次产教对话活动。国家教育部门联合电子通信、物流管理、汽车制造、粮食生产、机械制造等，社会行业企业组织，策划开展了多达数百次的校企对话产教融合的交流活动，对话活动围绕着如何振兴国家经济与如何发展产业规划为重点，各地区也积极开展了区域性的产教对接，校企对接活动，各方参与产教融合的积极性大大提升。

第一章 职业教育产教融合的历史与现状

三是开展职教宣传活动。在这一阶段内，为了改善人民群众过去对于职业教育产生的不良印象，加深社会对于职业教育的进一步了解，帮助职业教育开展工作营造氛围，国家通过多种媒介方式，通过提高宣传力度，丰富宣传手段，全方位向社会以及民众展现职业教育的优秀成果，向社会和人民群众展示职业教育是与人民生产生活息息相关的教育。同时在国家的各种奖励机制和鼓励机制中，通过新增与扩大关于表彰职业教育优秀人才的各种奖项与激励机制，进一步吸引各类人才投入职业教育的工作中，扩大职业教育在家长和学生中的影响力。

**（五）产教融合深化阶段（2013年至今）**

全面建成小康社会是这一时期的时代主题。在职业教育的历史演进中，先后出现过联合办学、产教结合、工学结合等专有名词，在经历了众多词汇的描述和使用之后，"产教融合"作为专有名词，精准概括了职业教育在发展过程当中和社会企业行业之间的关系和连接，被摆在了更加重要关键的位置。"产教融合"作为核心词汇，充分彰显了职业教育在经济发展和产业升级当中的突出作用，描绘出了国家对于职业教育的信心和期待，期望职业教育彰显出应有的生机与活力，促进我国经济社会的发展，助力人民幸福。中共十八大以后，我国进入了深化改革开放和全面建成小康社会的关键时期，党和国家对产教融合进行全方位、广范围、宽领域的积极探索。颁发了《关于印发现代职业教育体系建设规划（2014—2020年）的通知》（2014年）、《关于开展现代学徒制试点工作的意见》《关于深化产教融合的若干意见》（2017年），《关于印发国家职业教育改革实施方案的通知》《国家产教融合建设试点实施方案》（2019），《关于印发教育部产学合作协同育人项目管理办法的通知》（2020）等一系列具有全方位、深层次、宽领域的前瞻性政策文件，明确提出各方参与力量要在产教融合中明晰权责、清楚定位、精准发力，进一步深化我国产教融合的深度和广度。

职业院校助力产教融合：学校积极推动学历证书与职业资格证书的"双证书"体系；积极探索"双师型"教师培养模式[①]；积极开发和研究如

---

[①] 国务院.关于加快发展现代职业教育的决定[Z].（国发〔2014〕19号）.

双元制、学徒制等多种教育形式，积极建设产教结合、教育与培训结合的教师人才制度①；开展认识实习、跟岗实习、顶岗实习等各类教学实践活动，进一步完善学生质量考核制度，健全学生实习责任保险制度②；及时供给产业需要的项目、人才和信息③；建设产教结合的专业学位研究生人才培养机制④；构建融入产业文化的校园文化⑤。

行业企业助力产教融合：积极发挥企业在产教融合中的主体作用，并且在社会责任报告当中总结与描述自身参与职业教育的情况和结果，向社会公布自己的社会责任感⑥；与职业院校联合进行产业创办，开发教学与工作中心，成立技能大师工作室⑦；与职业学校进行联合办学、共同招生、合作培养企业和社会所需要的技术技能人才⑧，在师资上与职业院校进行合作，培养双师型教师制度，提高教师教育的质量⑨；鼓励行业企业中的优秀人员，积极参与学校的日常管理活动和教学活动，在学校的组织机构上担任职务，指导校园内学生工作的展开⑩；行业企业利用现代化的信息技术手段，参与职业学校数字化的进程和建设，帮助学生使用现代化的信息技术手段建立信息资源平台库、企业资源信息库、创新创业教育资源等开放资源平台，为师生的在线教育和信息求助提供便利⑪；构建职业教育行业指导

---

① 教育部等六部门. 现代职业教育体系建设规划（2014–2020年）[Z]. （教发〔2014〕6号）.
② 教育部. 关于深化职业教育教学改革全面提高人才培养质量的若干意见[Z]. （教职成〔2015〕6号）.
③ 国务院. 国家职业教育改革实施方案[Z]. （国发〔2019〕4号）.
④ 中共中央办公厅，国务院办公厅. 加快推进教育现代化实施方案（2018—2022年）[Z]. （国发〔2019〕）.
⑤ 教育部等六部门. 现代职业教育体系建设规划（2014—2020年）[Z]. （教发〔2014〕6号）.
⑥ 教育部，国家发展改革委六部门. 职业学校校企合作促进办法[Z]. （教职成〔2018〕1号）.
⑦ 国务院. 关于加快发展现代职业教育的决定[Z]. （国发〔2014〕19号）.
⑧ 教育部等六部门. 现代职业教育体系建设规划（2014—2020年）[Z]. （教发〔2014〕6号）.
⑨ 人力资源社会保障部、财政部. 关于全面推行企业新型学徒制的意见[Z]. （人设部〔2018〕66号）.
⑩ 教育部等六部门. 现代职业教育体系建设规划（2014—2020年）[Z]. （教发〔2014〕6号）.
⑪ 教育部. 关于进一步推进职业教育信息化发展的指导意见[Z]. （教职成〔2017〕4号）

018

体系[①]。

在这一时期内,各级政府依旧在中央政府的指导下,发挥职业教育产教融合的主导作用,通过减免税收、低息贷款、政策倾斜、财政优惠等方式,鼓励和倡导社会各方力量与职业院校开展联合办学、推动产教深度融合。

除了上述提到的,有关推动产教融合的各项政策及指示外,2017年我国第一部关于产教融合的专门政策也正式出台,这表明职业教育产教融合,在新时代的社会发展过程中已经上升到了国家战略高度,对于我国职业教育产教融合的发展来说具有不同凡响的意义。同时在政府、职业院校和行业企业等各方力量的共同参与协助下,我国职业教育产教融合初步构建了一个梯次有序、功能互补、资源共享、合作比较紧密的网络,推动着我国职业教育产教融合进一步向深层次、宽领域、高水平方向发展。

1. 构建和完善产教融合大格局

融合,在汉语大词典中的意思是一定数量的群体或事物通过接触和碰撞后合成一体。产教融合,是指将产业和教育通过一系列改革与举措之后融成一体,这也就意味着二者不再是单独的个体,而是"你"中有"我","我"中有"你",产业发展融入教育改革、教育力量致力于产业转型中的宽层次、多维度的合作。在这一阶段,国家和政府试图通过采取多项措施,持续助力产教融合政策体系的建设与完善,构建起产教融合大发展格局。

第一,国家和地方政府发布了针对产教融合持续推进、开展实施工作,发布了更加具有科学性、指导性、合理化与配套性的政策。政策的针对性和完整性对于事物的发展来说具有重要的推动作用,针对性越强,配套性越高,便意味着政府进一步明确了各方主体的权益与责任,明确了具体的承担责任,各自的活动方向。党的十八大后,与产教融合有关的政策文件包括《教育部关于开展现代学徒制试点工作的意见》(2014)、《教育部关于深入推进职业教育集团化办学的意见》(2015)、《职业学校产

---

[①] 教育部等六部门. 现代职业教育体系建设规划(2014—2020年)[Z].(教发〔2014〕6号).

教融合促进办法》，指明了产教融合在实际发展过程中的关键问题和解决形式，为进一步深化产教融合提供了解决办法，尤其是《职业学校产教融合促进办法》搭建了产教融合制度框架。

第二，教育和产业二者协作属性加强。国家各部门之间的交流与协作是深化产教融合、推动校企合作的重要保障。政府作为公共事务处理的主体，政府主导、部门协作，共同进行产教融合政策的制定与实施，既体现了管理过程的合作性，也加强了政策的科学性和可行性。职业教育作为公共事业的一部分，其发展和治理的逻辑和体系应当按照公共事业治理的逻辑进行。例如，《现代职业教育体系建设规划（2014—2020年）》就由教育部、国家发展改革委、财政部、人力资源社会保障部、农业部和国务院扶贫办共同制定；《关于加快发展现代交通运输职业教育的若干意见》（2016）由交通运输部、教育部联合印发；《关于医教协同深化中医药教育改革与发展的指导意见》（2017）由教育部、国家中医药管理局发布。以上文件都是教育部门和其他部门协商合作，共同促进职业教育与社会其他方面的联系。

第三，就业、教育、规划等不同部门联合，凭借部门优势与力量，从不同视角、层次、维度对于产教融合的发展给出建议，力图加强政策的匹配性。例如，《"十三五"促进就业规划》提出"制定实施企业参与职业教育的激励政策，落实学生实习政策，深入推进职业教育集团化办学"从学生教育与就业出发，发布指导性意见；《国家教育事业发展"十三五"规划》要求"推行校企一体化育人"，"订单式培养""积极推动校企联合招生、联合培养的现代学徒制"。

从整体上看，我国关于产教融合政策颁布的逐渐完善与体系化，加之在实践领域产教融合的层次和形式不断深化与创新，表明我国职业教育产教融合发展的大格局已然形成，具体包括明确行业企业在职业教育中的主体地位，推动人才培养模式创新，深化教学方式改革，促进产教供需对接。

2. 继续推动完善产教融合大平台

近年来，我国在推动搭建职业教育产教融合大平台上做出了坚持不懈的努力，目前已取得了一定的成就，打造了如下平台：一是职业教育活动平台。我国自2015年起首度创新实行"职业教育活动周"的活动，截至目前，一年一度的活动周已经成功举办八届，在扩大职业教育的社会影响力、宣传职业教育的正面形象上起到了很大作用。2018年活动周以"职教改革四十年·产教融合育工匠"为主题，举行了"鲁班工坊"系列展览、教育家学术论坛、国际交流研讨会等20余项活动，开创了教育活动体验、展览介绍、学术探讨等系列活动，展现了新局面与新气象，为职业教育在活动中进一步成为向社会彰显自身内涵、体现自身特色、展现教育成果的大好平台。二是产教融合对话平台。教育部联合其他部门积极引导与促进职业教育与行业企业的对话与联系，在促进职业教育与产业的发展过程中，专门制定了有关专项政策，就教育和产业之间的沟通与联系做出了明确的指示。三是全国职业技能大赛平台。自从2008年我国开始举办全国职业院校技能大赛以来，直至今天，大赛已经成功举办了15届。从大赛开始至今，大赛的规模越来越大，参与的院校越来越多，参加的人数不断增加，赛事项目不断增多，赛事质量不断提升，技能大赛对全国职业教育学校的影响不断增强，取得了锻炼学生技能良好的效果；在促进学生打下产业学习的基础，促进产教融合的深度方面做出了强有力的贡献；同时成为引领学校教育改革、促进产教融合、服务社会经济发展的重要活动。

3. 以示范引领产教融合质量提升

在现代化的职业教育体系下，职业教育的发展将逐渐由规模的扩大转为质量的提升，其中重要的一个方面就是要解决产教融合的示范问题。近年来我国在推动职业教育集团化办学、现代学徒制试点、学校与行业企业协同创新等方面做出了多次的努力与尝试，试图通过榜样示范、建立教育标杆，给予区域性职业教育产教融合经验与启示，促进产教融合的质量提升。

合作办学是职业教育集团化的实质内核。自1992年我国首家职业教育集团——北京蒙妮坦美发美容职业教育集团成立，我国职业教育集团的数量就不断地提升，规模也越来越大，集团化办学成为我国职业教育的一股重要力量。在参与主体上，数据表明有由行业企业创办的教育集团不管是在办学规模上，还是在扩张速度上都显著高于区域性集团，这也充分体现了"行业"与"企业"在产教融合过程当中的主体地位和特有属性。职业教育集团化办学结合了学校办学和企业办学的优点，扬长避短，利用双方优势，有力地促进了产教融合的广度和深度，在提高职业院校人才培养质量中发挥了特有的优势，增强了职业学校和社会的联系，提高了服务社会的能力，目前已经成为中国特有的职业教育发展改革模式。

现代学徒制是中国在借鉴学习英国等国家的职业教育模式基础上，基于中国自己独有的国情和特色开展的我国职业教育人才培养模式创新。自2014年2月李克强总理在国务院常务委员会会议上做出"开展校企联合招生、联合培养的现代学徒制试点"的任务部署后，教育部与人力资源和社会保障部分别启动了现代学徒制试点和企业新型学徒制试点工作。截至目前，教育部先后于2015年、2017年和2018年三年分三批共遴选出565个现代学徒制试点单位，确定在深化产教融合、校企合作、进一步完善育人机制、创新技术技能人才培养模式上进行试点。同时还专门组织成立了专家指导与委员会，就学徒制在探索试点工作中的一系列问题进行指导培训等工作。从点到面、从地区到国家、从部分职业院校到大部分职业院校，再到国家建设的示范性现代学徒制的培育点，现代学徒制发展到现在已经成为具有中国特色的职业教育发展模式。

股份制、混合所有制办学是职业教育在现行的市场经济体制下，针对政府发挥宏观调控作用，市场起决定性调节作用的一次重要办学尝试，在某种程度上展现了未来的发展趋势和办学模式。2014年，《国务院关于加快发展现代职业教育的决定》首次直接移用和嫁接"股份制"和"混合所有制"这两个经济领域的专业术语，提出"探索发展股份制、混合所有制职业院校，允许以资本、知识、技术、管理等要素参与办学并享有相应权利"。在文件的指导下，一些省份和区域开展了混合所有制办学的试点与探索，但更多学校还处于观望之中，未来随着制度和政策的进一步完善，股份制——混合所有制办学也有希望在我国职业教育产教融合的办学模式中占据一席之地。

在政策推动、社会促动、探索带动的发展机制下，目前我国职业教育产教融合方面的规模不断扩大，层次不断加深，内容不断丰富，质量不断提高，关于产教协同发展和校企共同育人的格局基本形成。

## 第二节　职业教育产教融合历史演进的特点

新世纪以来，通过不断增强教育与产业的联系，加深学校和社会各方力量的友好合作关系，深化产教融合，同时职业教育自身在实践过程中不断借鉴、改进创新教育理念和方式，逐步形成了现代化的职业教育体系。从职业教育发展的历史时期来看，产教融合、工学结合是我国职业教育一直以来的工作重点，职业教育在建设改革中的经验成果、科学理念构成了产教融合的持续推进史，其展现的规律有迹可循，而且也彰显了中国特色的文化底蕴和独有特征。

### 一、产教融合的理念从结合到融合是职业教育高质量发展的先导

我国职业教育产教融合的理念根基于马克思主义教育与生产劳动相结合的理论指导思想，在实践过程当中与经济发展相结合，逐步演变成了产教结合，直至发展成为今天的产教融合。新中国成立初期，国家经济落后，国家建设百废待兴，所有的建设都以国家经济建设为先，因此教育的发展方向也与经济产业发展相结合。在此背景下，在学习借鉴苏联办学教育模式经验的基础上，对我国的教育机制和组织架构进行大改造，初步建立了我国中等层次的职业教育，对实施职业教育的职业学校进行改造、扩建与合并，目的是培养国家所需要的技能劳动者和产业工人。在教育与生产劳动相结合的指导下，学校开始开设自己的工厂与农场，半工半读的形式初步得到探索，我国的职业教育产教融合政策也开始初露头角，国家开始从产教融合方面进行职业教育的改造，但这一阶段产教融合的政策，只是在教育与生产劳动相结合的指导下颁布出来的附加政策。

自从20世纪80年代，我国实行改革开放后，工作重心转移到了以经

济建设为中心上来，需要大量有技术、有技能、有能力、有本事的生产者与劳动者发展经济。在国家的指导下，职业教育逐渐突破了原先的教育领域开始与社会经济、社会企业、社会产业相结合，产教结合、工学结合的概念被提出并用于实践，从而大大突破了之前仅仅与生产劳动相结合的理念。在教育与经济产业相结合理念的指导下，职业教育在实践领域做出了新的尝试和突破，开始进行了校企合作办学的尝试与创新，同时自身校办企业也得到了大力的发展和支持。在产教结合的理念下，职业教育转变了人才培养目标的定位，开始承担起教育作为公共事业，专门为国家发展经济建设培养人才的责任，进一步明确了自身是培养有专门技术技能人才的教育定位。但有些职业院校在其发展过程中，对产教结合的理念缺乏足够的认识，脱离了育人的初衷，用产来替代教，走向办厂弃教的误区。

进入21世纪之后，随着新兴科学技术和新兴产业的快速发展，我国的经济结构和产业结构都得到不断的升级与调整，为更好地建设我国经济，提高国民生产总值，国家开始重视产教结合政策的出台，规范并提倡职业教育产教融合的发展，产教融合、工学结合真正地在实际中得到推广与展开，开始形成了多元主体协作办学的意识和格局，并且在实际的操作过程中取得了相应的成就。但有些职业院校由于缺乏对产教融合的科学认识，以及对其自身院校发展缺乏准确定位，过度强调了自身办学水平的高移与升格，学校内的教学内容、办学标准、学科性得到过多的强调，加上企业在建设现代化企业目标的条件下缺乏参与产教融合的积极性和动力，从而并不能发挥出产业资源和教育资源的双方优势，使其得到合理的整合并发挥出有效作用，产教融合并没有得到真正的结合。党的十八大后，我国步入了全面建设小康社会、供给侧结构性改革、创新驱动发展的新征程，我国职业教育现代化的进程与改革被提上了日程。在教育与产业无法满足现实发展需要的情况下，教育与产业相融合的理念成为发展的新主题。国家提出了关于深化产教融合的若干意见、产教融合建设试点实施方案，通过进一步强调发挥企业在产教融合中的主体地位和作用、建设产教融合政策体系创新人才培养模式和机制、实现职产供需匹配、打造产教融合学校与区域品牌效应，对我国职业教育产教融合进行了全方位的规划和设计，使得产教融合规模不断扩大、层次不断加深、形式不断多样,基本形成了统筹融合发展的格局。

## 二、政府主导、同步规划职业教育与经济社会发展是产教融合的基本逻辑进路

职业教育随着社会生产力的不断提高而不断向前发展,为经济建设和社会进步而服务,政府主导、同步规划是职业教育在改革与创新方面需要遵循的根本指引,也是产教融合的基本逻辑。自新中国成立以来,我国坚持马克思主义教育与生产劳动相结合的指导思想,把职业教育与经济的联系与时代发展的需要相结合,推动职业教育为我国经济建设和人民幸福贡献力量。从1985年的"中等职业技术教育要同经济和社会发展的需要密切结合起来",1986年的"经济部门和教育部门加强合作,是促进职业技术教育发展的重要途径",到1993年"发展职业技术教育要与当地经济发展的需要相适应",1996年"职业学校、职业培训机构实施职业教育应当实行产教结合,为本地区经济建设服务,培养实用人才和熟练劳动者",再到2002年的"促进职业教育与经济建设、社会发展紧密结合",2005年"各地区、各部门要根据区域经济和行业发展需要,制订地方和行业技能型人才培养规划",2010年"把职业教育纳入经济社会发展和产业发展规划,促使职业教育规模、专业设置与经济社会发展需求相适应",2014年的"同步规划职业教育与经济社会发展,推动教育教学改革与产业转型升级衔接配套",直至2017年的"统筹职业教育与区域发展布局,职业教育与经济社会发展相适应、同步规划"的战略部署、政策颁布和实际行动一直都在指引着我国职业教育朝着社会主义建设的方向行进。以上说法和指示都是国家在认识到职业教育产教融合的重要性之后,从国家顶层设计出发,通过对产教融合规划与设计,力求实现政策的科学化、统筹化、持续化,以促进我国职业教育产教融合的长期发展和深化。而且一系列事实也证明了这一点,只有将职业教育与经济建设相联系,将职业学校办学与产业相结合,双方协作,共出优势,才能够真正做出对职业教育和经济发展

双方都有益的结论和成果，也才能够真正地调动起社会力量办学的参与性和积极性。

20世纪80年代弋阳县在总结与分享职业教育办学经验时，就曾谈到："教育不能脱离经济，经济不能离开教育，产教结合才能真正让社会各行业、各单位、各部门积极参与到兴办职业教育的事业当中。"天津市作为当代中国职业教育发展与改革的示范性榜样，通过开展"四个同步"在职业教育产教融合中树起全国标杆。必须在政府主导的基础上坚持职业教育与经济建设同向发展，我国自从改革开放后，40多年的职业教育发展历程也充分证明了，只有在政府主导的逻辑下进行职业教育的建设与改革，发挥政府在市场资源配置中的主导作用，才能够真正实现职业教育与社会主义市场经济体制建设改革的匹配。

## 三、注重跨界资源的协同治理是职业教育产教融合的基本制度保障框架

跨界的融合与合作是职业教育产教融合的根本特征，在政策颁布上则体现为与职业教育产教融合相关的主体各方协同互助，共助产教融合的深度发展。从宏观层面来说，我国职业教育产教融合遵循的就是自上而下的多层合作，从内到外的跨界联合而开展架构和实施的。

梳理我国职业教育的办学思路和主体，可以发现，从20世纪80年代的"大家办、联合办"，到21世纪初"政府指导、行业指导，企业参与"，再到当下践行的地方政府与有关部门协同合作，实行行业企业对职业教育的指导，可以发现，自始至终我国职业教育办学一直实行的都是多部门、多力量、多方合作参与办学，推动办学格局。推动院校主动对接地方支柱产业，及时调整优化专业结构，根据区域经济建设对人力资源的开发与需要，促进职业院校专业人才培养定位、目标规格、能力素质能主动与地方支柱产业、战略性性新型产业链中对应岗位链（群）职业能力要求对接，推动了课程体系、教学内容、教学模式和人才培养模式等综合改革。

但在实际操作中，这种不同部门之间分工与协作并没有如我们想象

的那样，对职业教育产教融合产生长期而稳定的影响；相反，由于多头管理，各方都想在职业教育中谋取自己的利益，发挥出自己的最大权力，而且合作的层次只停留在参与和配合上，并没有真正地做到深度合作、利益共享、协调配合的深层次合作，所以产生的实际效果并不是很明显。例如沙市就是在产教融合的实践深陷"职业教育管理体制尚不完备，各方责任尚不明确，运行机制尚未理顺"的困境，如"虽然多方力量办学从某种程度上来说有利于筹集资金开展职业教育的下一步工作，但是双方在筹备资金时缺乏统筹协调，很难有一个真正的主体能够将各方的意见与建议做到统一"。在某种程度上来说，多头管理降低了职业教育系统体制运行的效率，双方想配合但又不积极参与，想谋取权益但又不想承担责任，法律法规尚不完善，管理机构权责尚不明确，组织架构协调能力及执行能力不强，以及监督问责机制不健全，导致职业教育虽然在规模上有所增加，但是深度和效益都不高。事实也证明，职业教育产教融合的效益是无法在参与力量之间建立有效的沟通与协作，参与力量的优势资源无法得到利用和开发的情况下得到体现。

## 四、行业企业重要主体作用的发挥受支配性制度影响是产教融合的基本发展经验

在改革开放初期，我国职业教育的办学主体在组织架构上基本上以政府部门为主。部门办学能够使职业教育与社会经济发展结合、财政支持稳定、师资力量优秀、学生就业率高，因此，在当时受到了广泛的好评和影响。当时大部分职业教育办学都是以政府部门为主导，促进了职业院校主动服务地方产业发展和经济社会发展，开展科学研究、技术服务和多样化职业技能培训服务，为地方建设提供了有效人力支撑。但是自从我国提出了建立社会主义市场经济的目标后，国家宏观的经济发展和社会氛围发生了一定的转变，教育管理体制方面的变革，人民群众的思想取向以及对职业教育的印象，加之政府部门办学本身也存在一定的，以至于在办学方面存在以下限制：部门办学导致职业教育办学主体的权力各自为政、自成体系，缺乏沟通、比较封

闭；而且由于部门的力量有限，在办学过程中受到的限制比较多，因此，开办出来的学校力量小，重复项目过多，资源利用率和人才利用率比较低，加之后期受到宏观政策的影响，国家对于财政教育经费的减少，导致部门政府办学的资金越发紧张，学校相应受到影响。

与此同时，随着招生与就业制度的变化，企业在招聘工人，自主用工的主权方面得到了释放与扩大，充足的学生数量、充分的劳动力，开放的就业市场，导致劳动力供过于求，企业不必从学校毕业生当中选聘工作人员，而是可以直接从劳动力市场上获得充足的劳动力供给，不再需要依靠产教融合提供劳动力，因此之前计划式、指令式的国家实行统一招生、统一包揽、统一分配的"三统"制度优势也就逐渐消失，运用行政管理来规范产教融合的进程不再适应当时发展，治理逻辑与当时现行状况不匹配，管理效果不好，企业积极性降低，以至于后期直接影响了职业教育产教融合的发展。

## 五、功能从单一到多功能辩证统一是职业教育产教融合价值的内在使然

过去我国实行计划经济体制，由国家统一计划、统一安排组成了我国事业发展的一切基础。在大的环境下，我国职业教育的发展以及产教融合的探索，职业教育领域学校和工厂联合办学、学生开展半工半读、工学交替、学校师资的构成都是由国家统一计划安排，时代性特征浓厚。1978年十一届三中全会以后，我国做出了以经济建设为中心的战略重点任务的转移，开始探索建立社会主义市场经济体制，职业教育的发展也随着国家战略任务的转移发生了变化，与经济发展的联系日益密切，与产业结合的深度不断提升。同时职业教育发展过程中，自身也做出了相应的转变与调整，由之前国家统一计划的治理体制转变为以市场为主，政府为辅的治理方式，其经济功能和社会功能日益凸显。其中1991—1999年，我国在市场经济的引导下，职业教育产教融合领域开创了一系列新的探索与尝试，包括但不限于通过发展校办企业，强化自身的发展能力，重新拾起校企合作

走向了产教结合的道路；教育事业和经济事业的发展日益密切，协同与合作的事宜日益增加，我国职业教育的经济效益也越发凸显。1999—2013年，在建设社会主义市场经济的关键时期，在时代的要求和人民的殷切期盼之中，职业教育产教融合走向了更高层次、更广领域、更加深度的新时代发展之路，职业教育在人民群众心中的形象也日益得到修正，经济效益和社会效益更加突出。

此外，职业教育对我国国有企业的改革也做出了一定的贡献。20世纪90年代，我国进行国有企业改革的重大调整，由于部分国有企业无法适应社会主义市场经济的内核与根本特征，不能够在实际发展过程中与随之对应地进行改革与调整，同时加上科学技术日新月异，在技术的加持下生产效率逐渐提高，导致了在进行国有企业改革时大部分职工下岗。我国职业教育在下岗职工的下岗培训起重要的作用。通过产教融合、工学结合的方式，职业教育与部分国有企业进行合作，积极开展企业内的在职培训和下岗职工培训，为下岗职工寻求生存之路与就业机会做出了积极的贡献，在提高下岗职工的工作知识和技术技能方面贡献了重要力量，在一定程度上缓解了当时的就业问题。2013年后，我国进入了全面建成小康社会的关键时期和深化改革、加快转变经济发展方式的攻坚期。一方面由于国际环境的变化，知识经济时代人才越来越被认为是社会的宝贵资源和财富，国际竞争在很大程度上取决于本国人才的竞争，我国职业教育产教融合的政策体系也发生了相应的改变，紧紧跟随时代发展的要求与增强国际竞争力的需要，从关注政策的政治功能、经济功能、社会功能逐步演进为关注政策的个体功能，强调学生的全面个性发展与社会经济发展的协调统一，以共赢为目标，深化合作，努力打造校企全程交互人才培养模式。如，邀请企业专家全面参与制订人才培养方案，准确定位人才培养目标；聘请企业专业人员担任部分课程指导老师，学院教师深入企业挂职锻炼，引进或培养具备专业知识的教师，提高教师的实践教学水平；基地实习是将理论联系实际、知识转化为技能的良好平台。实训基地一方面可有效缓解高职院校专业建设资金压力，另一方面可充分实现基地资源共享；以企业真实产品（项目、案例）为载体，设计与推行项目制模块教学组织形式，每一门专业技能课都要对接、依托一个稳定企业，集中阶段式教学，提升学习情境的真实性；以技能抽查标准为基础，以企业考核为主，实行以操作能力为核心的结果考核方式，促进学生专业技能的提升①。如，我国大力鼓励和支持学校与企业开展新型学徒制的探索与试点工作，积极鼓励学生参与到学徒制的实践工作中，鼓励学生采用多样化的方式，发挥出自己的优势特长，成就自己的精彩人生。同时近年来国家也越发重视学生职业生涯规划和学生兴趣爱好开发，希望学生通过学习职业生涯规划，能够走出自己一条精彩的人生之路。除此之外，我国还充分发挥了职业教育在脱贫攻坚中的重要作用。湘西地区有相当部分人口由于缺少文化、缺少一技之长造成贫困，通过兴办职业教育和实施"雨露计划"，增强他们的文化知识，培养其专项技能，促进了学生就业，既服务了地方经济转型发展和乡村振兴，又帮助他们获得了一定的经济收入，改变贫困家庭的经济状况，促进了地方经济发展和贫困家庭脱贫。总之，我国职业教育产教融合的政策将更好地把我国的人口红利转化为人力资源红利，在人才的潜能开发和利用上发挥出积极作用，从而为国家富强、民族振兴、人民幸福做出职业教育作为公共事业应有的贡献。

### 六、从规模增长走向质量发展是未来职业教育产教融合治理的基本方向

新中国成立后，计划经济在我国的经济发展过程中存在了很长一段时间，我国在建国之初选择计划经济，是因为计划经济是一种能够有效配置资源的手段。在计划经济体制下，我国职业教育产教融合的发展一直以自产自销，统产统销为主。改革开放以后，随着我国经济的发展以及社会经济体制的变化，国家对职业教育产教融合的发展趋势与方向，也做出了相应的转变，具体表现为对于产教融合的需求范围扩大、表现形式变多、融合层次加

---

① 姜华斌，任修霞. 高职院校农村流通类专业人才的培养[J]. 教育与职业，2015，（05）：138-139.

深,但其最重要的核心还是在于希望职业教育产教融合的规模和数量扩张。对于我国职业教育的发展,国家一直采取的政策是"量"与"质"并举,职业教育在有序扩张、扩大规模的同时实现质量的渐进提升。但实际上,职业教育走向了为国家经济建设服务的方向,出现了发展偏移而弱化了人的全面发展、为社会做出贡献的力量,更多注重的是职业教育的规模的扩张,而减弱了产教融合质量的要求。但我们不能说职业教育的规模扩张是一件不好的事,规模的扩张带来了大量的劳动力,在某种程度上对促进经济的发展,产业结构的调整,以及工业的升级转型发挥了重要的作用,而且质变是需要在一定量变的基础上才能够产生的,规模的扩张也是为我国职业教育实现质的飞跃打下了一定的基础。

当前我国经济发展的特征,转向了产业升级驱动、消费升级驱动,更加注重市场的需求而带来经济的发展以及增长。这一切都是出于人口的变化以及劳动力结构的变化,人口红利的累积效应导致劳动力市场的供应与需求发生变化。在劳动力成本上升成为必然趋势的条件下,在社会对职业教育发展高标准、行业和教育对产教融合高要求、经济转型对技术人才高需求的现实需要下,我国职业教育产教融合必然按照各方的需求进行改革与发展,同时也有了未来的发展动力和发展方向。

## 第三节 职业教育产教融合的现实状况

### 一、职业教育产教融合的规章制度现状

职业教育产教融合能否最终取得成功,收获较好效果,首先就体现在是否有完善匹配的规章制度上。只有先从政策上、法律上、制度上对开展产教融合的各个环节、各个事宜、各个方面进行指导和规定,产教融合在开展过程之中才能够保证发展方向按照预先所设想的方向进行,出现问题时才能够有法可依、有据而行。正所谓"制度改变,观念先行",想要合理地制定出有关产教融合的相关规章制度,就必须先在观念上和意识上对

产教融合树立正确的认识。本书通过对教师、学生、企业员工对产教融合重要性的认识、是否将产教融合纳入学校或公司的发展规划、是否签订了协议规范产教融合的相关事宜等调查发现以下现实状况：

### （一）学校方面

通过调查发现，学校的情况较为理想。在教师方面，几乎所有的教师都认为产教融合对于自身及学校的发展很重要，其中，有80%的教师认为产教融合对于学校的发展非常重要，也是出于这种认识，在发展规划中对产教融合做出要求的学校达到100%；同时，93.3%的教师认为学校与企业签订了相关的协议来规范产教融合的相关事宜。另外，在学生方面，69.6%的学生认为产教融合对于自身及学校的发展很重要或是重要，当问及"学校在发展规划中是否对产教融合提出了相关要求"及"学校是否与企业签订了相关的协议来规范产教融合的相关事宜"时，选择"是"的学生分别为74.1%和67%[1]。由此可见，几乎所有的职业院校都能将产教融合纳入其发展规划中，并且大部分学校与企业签订协议以规范产教融合的相关事项。这显示了职业院校在产教融合规章制度方面较为完善。

### （二）企业方面

通过调查发现，目前，在企业70.9%的员工认为产教融合对于自身及公司的发展很重要或重要，29.1%的员工认为一般或是不重要[2]。由于认识上的不足，在企业中将产教融合纳入发展规划的只有14.3%，即85.7%的企业没有纳入。由此可见，产教融合在企业中并没有引起重视。

## 二、职业教育产教融合的组织机构现状

在规章制度上对产教融合是否有正确的认识进行调查之后，接下来就是对是否有相应的组织或者机构负责学校与企业开展校企合作、产教融合等一系列工作进程进行调查。

---

[1] 邓文萍. 高职院校校企合作促进机制研究[D]. 长沙：湖南师范大学，2011.
[2] 邓文萍. 高职院校校企合作促进机制研究[D]. 长沙：湖南师范大学，2011.

## （一）学校方面

在调查中，当问到"据您了解，职业院校是否成立了相应的组织机构管理产教融合的相关事宜"时，有60%的教师选择"是"，只有18.5%的学生选择"是"，40%的教师及81.5%的学生选择"否"[①]。据此可以发现，关于是否设立机构开展产教融合的相关工作，超过一半以上的教师是能够认识并且知道学校是有设立负责产教融合的相关事宜的组织机构，教师对此的认知比较清晰。但是，大部分学生对于学校事务不太熟悉，不知道或者不了解学校的机构设置情况。教师和学生就这个问题的回答呈现出了明显的差异性。

## （二）企业方面

企业在产教融合中一直是处于参与性不够、参加力度不强的地位，加之自身对产教融合重要性的意识和理念不够深入，自身思想认识不够深入，因此，很少将产教融合纳入自身公司的发展规划之中，产教融合的实践缺乏一定的依据，影响了具体实践的开展。加之，企业总是以"利润"为自身发展的首要目的，因此，只有数量很少的企业在进行产教融合安排时设置了专门的机构。当问及"据您了解，公司是否成立了相应的组织机构管理产教融合的相关事宜"时，11.6%的企业员工选择"是"，88.4%的企业员工选择"否"。

## 三、职业教育产教融合的人员安排现状

### （一）学校方面

在人员安排上，当问及"据您了解，学校是否安排了专职人员管理产教融合的相关事宜"时，73.3%的教师选择"是"，26.7%的教师选择"否"。同时，33.3%的学生选择"是"，66.7%是学生选择"否"[②]。和问及机构或组织成立时相同，出于关注重点和自身经验的差异，大部分教师是能够意识到，学校是有安排专业相关人员参与产教融合的具体事宜的，

---

[①] 邓文萍. 高职院校校企合作促进机制研究[D]. 长沙：湖南师范大学，2011.
[②] 邓文萍. 高职院校校企合作促进机制研究[D]. 长沙：湖南师范大学，2011.

而很少有学生意识到人员的存在，教师和学生在这个问题上再次呈现出了两极分化的状态，具有明显的差异性。

（二）企业方面

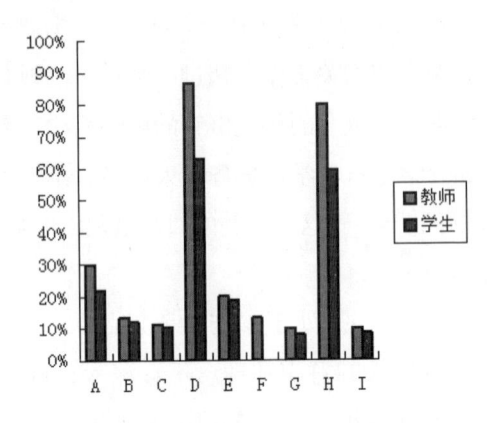

图1-1 职业教育产教融合方式调查

当问及"据您了解，公司是否安排了专职人员管理产教融合的相关事宜"时，14.8%的企业员工选择"是"，85.2%的企业员工选择"否"。根据这个数据我们可以知道，在进行校企合作产教融合的具体工作中，只有很小一部分企业安排了专职人员进行管理。

## 四、职业教育产教融合的运行方式现状

产教融合是指学校和企业作为教育开展的双主体，双方各自发挥出自己办学优势，在互利互惠的原则下，共同推进职业人才的培养。而实现这种途径有很多种不同的方式，归纳起来主要有：1. 企业参与学校的教学计划制订，如专业设置、课程开发；2. 企业的行业专家加入学校的教学活动；3. 学校教师到企业进行进修实践；4. 学校学生进入企业实习；5. 企业参与学生学业评估；6. 校企协作技术开发与创新；7. 企业员工到学校提升培训；8. 企业为学校提供实训基地；9. 企业为学校提供经费等。通过对产教融合的各种方式进行调查发现，无论是教师问卷还是学生问卷与企业问卷，排在前三位的分别为：学校学生进入企业实习；企业为学校提

供实训基地；企业参与学校的教学计划制订，但是其他的方面却很少开展（如图1-1所示）。根据数据可以看出，当前产教融合的开展主要体现在学校的课程设置和学生的实习实训中，侧重于课程和实践教学的开展，这也从某种程度上反映了我国产教融合的开展方式相对单一。

### 五、职业教育产教融合的监督检查现状

对职业教育开展的效果和产生的问题进行监督和检查，是保证产教融合高效进行、及时解决问题、持续推动展开、获得有效反馈的重要措施。在学校方面，当问及"据您了解，学校是否对产教融合的实施进行跟踪检查"时，46.7%的教师选择"是"，53.3%的老师选择"否"。在学生问卷中22.2%的学生选择"是"，77.8%的学生选择"否"[①]。从数据可知，在对职业教育的监督和检查上，教师和学生都认为目前学校对产教融合进行了跟踪、监督和检查，尤其是学生，很少有学生认为学校开展了此项工作，大部分师生都认为，或意识不到学校的后续跟进行为。

另外，在企业方面，当问及"据您了解，公司是否对产教融合的实施进行跟踪检查"时，14.3%的企业员工选择"是"，85.7%的员工选择"否"。根据上述两个问题可以得知，职业院校在进行产教融合的跟踪检查时，整体工作还需要进一步展开，督导力度还需要进一步加强。

### 六、职业教育产教融合的评价保障现状

对产教融合开展的效果及成果进行评价，是有效改进开展效果、获取宝贵经验、总结存在问题的有效方式。"以评促建，以评促改"，通过开展评价活动，对目前已经取得的效果进行总结，扬长避短，总结经验，通过一轮又一轮的循环往复，不断开展有关产教融合的有效方式，最终促进产教融合的有序提升。在问卷调查中，当问及"学校是否对产教融合的结

---

① 邓文萍. 高职院校校企合作促进机制研究[D]. 长沙：湖南师范大学，2011.

果进行了评价"时，45.3%的教师和40.7%的学生选择"是"，54.7%的教师及59.3%的学生选择"否"。由此可以看出，只有少部分的老师及学生认为学校对产教融合的结果进行了评价，而大多数的教师和学生认为并非如此。在企业方面，只有3.2%的企业员工认为公司对产教融合的结果进行了评价，大部分都认为没有[①]。

## 第四节 职业教育产教融合存在的问题

通过问卷对当前我国职业院校开展产教融合的相关情况进行调查与分析，发现职业院校对开展产教融合的自主意识和自觉意识还是比较充分，能够认识到产教融合对于学校以及学生的发展是一件有益的事情，并且能够自觉地将产教融合纳入学校自身未来的规划以及教学工作中，在与企业签订协议规范、成立专门组织或机构、组建专职人员负责产教融合、校企合作的工作开展等具体事项中做出努力，规范了产教融合的进程。同时，在职业院校和企业的产教融合过程中也不可避免地存在问题，如：开展产教融合的内容与方式过于单一，形式主义严重，机构组织位不其实，跟踪监督不到位及评价保障工作不落实等。

### 一、运行效果不佳

#### （一）产教融合内容和方式单一

产教融合是一种人才培养模式，同时也是一种办学组织途径。按照目前发达国家的办学经验和我国的实际情况来看，产教融合开展的形式和内容可以是丰富多彩的。在本章的调查问卷中主要列举了九种产教融合的方式。但通过实际的调查发现，目前我国开展产教融合的途径还是比较单一的，合作内容主要集中在学生的实践教学以及实习实训中，很少有企业真

---

① 邓文萍. 高职院校校企合作促进机制研究[D]. 长沙：湖南师范大学，2011.

正地参与到学校的日常教学工作中。例如参与学校人才培养标准制定、学校课程内容改革等。这表明当前我国职业院校与行业企业之间的合作层次比较浅，合作内容不深入，合作方式单一，不能做到融汇贯穿整个教学过程中，不能运用多种形式丰富产教融合的内容，思路尚不够开阔，因此，得到的效果也不尽人意。

### （二）产教融合区域发展不均衡

在影响因素上，产教融合在很大程度上受到地方经济以及学校自身生存能力的影响。通常情况下，经济发达地区、产业类型多样化地区、大型行业企业驻扎地，当地职业学校和企业开展产教融合的合作程度和开展效果都比较好；相反，经济欠发达地区、产业类型单一地区、大型行业企业疏散区，当地开展产教融合的效果都相对较差。例如，在我国东部沿海地区，北京、上海、深圳等大型城市，职业院校和企业开展联合办学进行产教融合的情况比比皆是，而且办学效果相对较好。而我国中西部地区如云南、西藏等地区开展产教融合则相对较少。同时发展不均衡还体现在院校与院校之间。通过调查发现，国家示范高职院校由于自身办学实力较强、地理位置较优越、办学资源丰厚，在产教融合的开展与管理方面都取得了良好的效果，获得了宝贵的经验。但是在一般的职业院校，或者是办学实力不强的院校中，"产教融合"很难真正地落实到日常的教学工作中。

## 二、管理队伍力量不强

在职业院校中，产教融合的管理队伍力量不强主要存在于组织机构与人员安排上。从调查数据来看，大部分教师是能够意识到学校在机构成立和人员安排上对学校产教融合工作的加强了管理，虽然部分学校还聘请全职和兼职人员负责产教融合的工作事宜，但是大部分学校还是把产教融合作为校企合作部门的工作，由该部门工作人员兼任，并主要体现在为学校与企业联系服务上，产教融合的管理人员也很少深入到学生的教学和服务上。导致这种现象主要是因为：一是管理人员对产业了解不深，不能经常性深入产业建立紧密联系；二是由于时间与精力，管理人员深入学生不多，学生对于产教融合的了解仅仅只来源于实践教学中，对产教融合的感受和了解不深；三是产教融合涉及到机制体系问题，作为校企合作工作人员在处理融合中的问题时很难从全局思考，难做好组织协调工作。除此之外，地方性政府虽然积极倡导校企之间开展产教融合，但是资金支持和人员支持方面力度不够，仅仅在宏观层面上给予指导，没有出台具体具有约束性、保障性的法律、条例和管理方案，没有明晰行业企业在产教融合中的权利和责任。地方政府支持力度不够，对企业参与校企合作的职责和权益缺乏约束，对校企合作所需要的人力财力缺乏有效支持，例如：开展产教融合、校企合作过程中，职业院校教师须参与企业项目研究、科技攻关等工作，现有学校因教师编制人数不足，忙于日常教学事务，很难有时间精力参与企业技术研发。在具体的工作中，这些成立的组织或机构并没有发挥自己应有的管理职能，因此，需建立了解专业、产业、具备较强组织协调能力的专职队伍。

## 三、行政管理不到位

产教融合管理是一项复杂的工作，就目前形势来看，产教融合的管理工作情况不容乐观，存在着管理不到位的情况[①]。高职院校既作为职业教育的重要组成部分，同时也是高等教育的重要组成部分，其产教融合的展开既涉及教育部门的参与，也应该和其他部门协同合作。但是就目前的管理情况来看，尚缺乏一个专门对口的管理机构对产教融合进行归口管理，现存的机构往往因为不是自己的责任，既存在对执行领域管理不足，又存在项目领域重复管理的现象。另外，对产教融合的管理不到位还体现在大的方针政策上。通过梳理现有的政策文件，可以明确目前针对产教融合的工作颁布的政策文件，大部分都是从宏观层面、国家层面，给出指导性的建议和意见，从大方向规定了产教融合的前进方向，但是并没有给出具体可操作的实施方案，或是具有强烈规范性、指示性的操作措施，所以地方政府在宏观政策的指导下往往各自解读，针对自己的实际情况开展也就造成了

---

① 姜华斌. 职业教育产教融合现状、问题及改进[J]. 科教导刊，2023（18）：14-16.

发展不平衡，效果难以评价的现状。现有产教融合政策以教育行政部门牵头制定为主，政策条款多具指导性，但缺乏具体举措和保障措施，在实施层面的可操作性不强。缺乏法律、法规对合作双方的约束和保障，影响了产教融合过程的管理，取得的效果不佳。从微观层面上来讲，产教融合管理不到位的情况具体表现在学校的管理工作中。目前，我国职业院校校企合作、产教融合的开展任务，具体落到了不同的学院，甚至是不同的专业之中，这也就意味着学校教师既是产教融合工作的执行者，也是产教融合工作开展的管理者，那么这也在一定程度上会出现教学工作评价问题，学院在管理过程中可也能会出现问题隐瞒不报、轻处罚的情况，导致管理工作难以展开，管理不到位、不严格等问题，从而严重影响日常产教融合的工作进程。

## 四、企业积极性不高

就参与产教融合的两个主体来说，职业院校由于产教融合能够给学校带来生存动力，进一步提高人才培养质量，所以，在进行产教融合时显得尤为热情。但是行业企业参与产教融合存在不主动、不积极，甚至是排斥，这是由于目前关于产教融合的法律法规体系还不够完善，企业在产教融合的进程中的驱动力量不够、吸引力不强、利益不能保障，而不愿意参与到产教融合的工作中，行业企业开展产教融合的内生动力不足。目前，学校对产教融合、校企合作的热情很高，行业企业积极性不高，产业企业参与职业院校人才培养的方式和途径缺乏规范，产业和企业相应的权益未能得到相应的体现，产业和企业在产教融合中看不到实实在在的利益，从而导致内生动力不足。从问卷调查来看，企业在规章制度、合作方式、监督检查、评价保障等方面还不到位，真正做到能够深入参与产教融合当中来的企业不多。而且根据对教师和企业的访谈了解，即使部分企业开展了产教融合，也是针对对口学校开展定点合作，甚至是针对某个专业开展专业合作。从整体上看，目前我国职业教育产教融合，不管是从广度还是深度上来说，都还有待加强，对于接下来该如何积极鼓励行业企业投身到产教融合、增强校企合作的广度与深度等方面，还需要进一步地思考与探索。

# 第二章 职业教育产教融合的理论分析

## 第一节 职业教育产教融合的内涵与价值

### 一、职业教育产教融合的内涵与表征

"产教融合"这个词语在国外学者的论文中表达方式多样。例如，Cooperative Education, Business-Education Partnership, School-Work Partnership等[①]。从这些表达中可以总结出"产教融合"存在共同的关键词，即"企业、学校、教育、合作"，这些词实际上既是产教融合的组成要素，也概括了产教融合的基本含义。

"产教融合"这一词在国内也有多种表述，如产学合作、产教融合、校企合作等。从总体上来看，产学协作的范围以工业领域和教育界为主体；"校企"的关系则是从宏观的角度来论述，即"校企"的关系；而产学融合，更多的是从宏观的角度，以个人的发展为主线，对其进行归纳总结。目前关于产教融合的几种代表性观点如下：

1. "模式说"。在我国，曾经有许多研究者提出产教融合是高职院校培养人才的教育模式。但是学者们分为不同观点，有些学者提出产教融合主要是为了培养具备创新能力的人才，有些学者则认为产教融合的目的是为了培养应用型人才。陈启强认为产教融合是采取课堂教学与实训工作结合，运用学校和企业两种不同的教育环境和资源，培养满足不同用人单位需要的人才的教育模式[②]。金薇认为产教融合教育是学校与企业多方面的合

---

[①] 苏俊玲. 美国职业教育校企合作实践的研究[M]. 上海：华东师范大学，2008：15.
[②] 陈启强. 论我国高等职业教育中的校企合作[D]. 成都：四川师范大学，2008：9.

第二章 职业教育产教融合的理论分析

作,利用校企两种不同的教育资源培养应用型人才为目的的教育模式,利用学校与企业在人才培养方面各自的优势,最终实现双赢的一种人才培养模式。产教融合能促进双师型教师队伍的建设,为职业院校提供教学实训场所,为毕业生提供工作岗位,还能满足企业对高质量员工的需要,零距离顶岗就业,为企业带来先进的科研技术[①]。

2. "机制说"。方向阳认为产教融合是一种以市场和社会需求为导向的运行机制,能培养学生的全面素质、综合能力和就业竞争力,培养适合不同用人单位需要的高级应用型人才的教学模式。产教融合包括了生产与教学合作;工作与学习相结合是实施的方法和途径;全面提升提高学生的综合素质与创新能力是最终的培养目标,最终适应不断发展变化的市场经济对人才的需要。具体来说,主要包括以下内容:学校与企业的资源共享和技术合作,职业院校不同专业的设计和相关的课程系统开发,各专业的工作和实践的合作,优质教师队伍的培育和科学研究的合作[②]。

3. "中间组织说"。我国还有少部分研究者基于中间组织理论的观点提出"中间组织说"。该观点认为产教融合所产生的组织形态在本质上属于中间组织。产教融合的目标在于为社会教育和培训合格的劳动者,开展职业院校与行业企业、其他服务部门等校外组织机构之间的合作,将学生的理论知识与实践操作有机结合,以便提升职业教育的办学质量和未来劳动者的综合素养,同时增强不同企业部门与各专业毕业生之间双向选择的可能性,最终促进社会经济的不断发展,构建技能型社会[③]。

目前,我国产教融合可以被划分成两类:一类是普通高校及科研单位与企业进行的合作;另一类是职业教育与企业进行的合作,具体包括高职、中职以及其他各类职业培训机构与企业进行的合作。在更广泛的意义上,高职教育的"产教融合"是对高职教育的一种新的认识。在高职教育界,产教融合指的是,高职与企业将学生的整体素质以及他们的就业能力作为主要的培养目的,将学校与企业的资源进行整合,并在产教融合工作

---

① 金薇. 职业学校校企合作的模式、问题与对策[D]. 苏州:苏州大学,2009.
② 方向阳. 校企合作的内涵与模式[J]. 职业教育论坛. 2003(1):29-30.
③ 张苗荧. 中间组织理论视野下高职业教育育校企合作[J]. 职业技术教育. 2009(16):41.

中进行密切的沟通，共同开展技术研发，组织学生的实习培训，共享先进的设施和装备，从而实现学校与企业的双赢。本书中，产教融合取第二种含义，指职业院校与企业的合作，主要通过以下方式进行：①行业企业要积极主动地参与职业学校的专业设置及课程开发等活动；②企业内的优秀专家受聘到职业院校教学或企业员工到学校进修学习；③职业院校的教师到企业进行实践；④学生到企业实习或企业为学校提供实习基地；⑤企业参与学生的学业评估；⑥校企共同进行科学技术研发。

对于产教融合的概念，国内不同学者持有不同的观点，但基本都认同从"产""教""融合"这三个方面进行定义[①]。"产"代表整个国家的产业，包含了政府、行业、企业等主体；"教"代表整个教育界，在此特指职业教育，包括职业教育的管理主体、实施主体和受教主体等；"融合"指的是两种或多种不同事物合成一体，相关事物之间主要发生质的变化，并成为一种新事物，这种新事物在形式、内容方面可能不同于原有事物，质量有所提升和改变[②]。因此，笔者认为产教融合是指将行业产业与职业教育两种不同事物融合在一起，形成的一种职业教育与产业相融合的新组织形式，共同开展教育、教学、研发、生产、服务一体化活动，为各行各业输送高质量的技术技能人才。

## 二、职业教育产教融合的价值意蕴

步入21世纪，新世纪职业教育将焕发更耀眼的光芒，我国对职业教育产教融合的重视日益增强。2017年2月6日，中共中央、国务院印发的《新时期产业工人队伍建设改革方案》明确提出，加强产业工人队伍的建设。2017年12月，国务院办公厅发布《关于深化产教融合的若干意见》提出，深化产教融合……是当前推进人力资源供给侧结构性改革的迫切要求。2018年12月，湖南省教育厅等六部门印发《湖南省职业学校校企合作

---

① 胡希. 我国职业教育产教融合政策分析[D]. 长沙：湖南师范大学硕士论文, 2021.
② 罗汝珍. 职业教育产教融合政策的制度学逻辑分析[J]. 职业技术教育, 2016, 37（16）, 8-13.

## 第二章 职业教育产教融合的理论分析

促进办法》提出,产教融合、校企合作是职业教育的基本办学模式。这些文件的出台勾勒出我国职业教育产教融合的目标,为新时期我国如何深化职业教育产教融合指明了前进的方向。政府政策保障先行,成立相应组织机构,促进"校行产企"深度融合。如《湖北省人民政府关于进一步推进职业教育发展的意见》(鄂政发〔2017〕55号),成立由常务副省长任组长,分管副省长任副组长,构建政府统筹推进、部门分工合作、社会广泛参与的工作格局。

### (一)进一步明确职业教育的价值指向,满足人的全面发展需求

党的十九大报告提出,新时代我国社会主要矛盾是人民日益增长的美好生活需要和不平衡不充分的发展之间的矛盾,必须坚持以人民为中心的发展思想,不断促进人的全面发展、全体人民共同富裕。不难看出,人的发展是解决新时代我国社会主要矛盾的突破口。在这一根本性的指导思想下,培养全面发展的人,应该是培养多重需要的人。随着人民群众需求的日益丰富,人民群众对职业教育产教融合的需求也日益丰富,因此对职业教育产教融合提出了更高的质量要求,重视公平的竞争机会、可持续地发展职业教育产教融合。在这种条件下,新时代的职业教育产教融合应该贯彻以学生为中心的培养思想,不断加强技术技能型人才的培养质量,提升学生的动手能力、思维能力,体现职业教育产教融合发展的价值。

随着社会经济的快速发展,要求职业教育产教融合的发展必须结合经济社会发展的新要求。职业教育产教融合的目标要融入社会创新驱动发展的战略当中,培养具有创新思维和发散思维的学生。职业教育产教融合的目标要融入国家技能的体系当中,培养高质量的技术技能型人才。职业教育产教融合的目标还要融入工匠精神的体系当中,培养学生树立正确的职业观。产教融合要服务于学生的综合素质发展,将立德树人放在更加重要的位置,满足学生不同的成才需求,职业教育产教融合必须考虑到学生是一个个独立的公民,充分尊重学生的想法,给学生充分发展的空间,在日常训练与学习中注意保护学生的权益,营造良好的学习环境,引导学生之间进行公平、合理的竞争,建设高质量的职业教育产教融合育人模式。在职业教育产教融合育人模式中探索育人规律、明确育人目标,尊重教育的

规律与经济发展的规律,始终坚持职业教育全面育人,坚持职业教育对经济社会的正向影响。

**(二)提高职业教育的质量标准,提升人才培养的质量和效能**

2017年12月,国务院办公厅印发《关于深化产教融合的若干意见》指出:"积极支持社会第三方机构开展产教融合效能评价,健全统计评价体系。"产教融合效能指的是在产教融合实践过程中呈现的实际效率、开展效果和最终效益,直接揭示了产教融合目标的可行性和达成度。因此,必须加强职业教育产教融合的质量标准,把握好产教融合质量的评价与监督,不断提高产教融合的运作效能,这必然成为未来职业教育产教融合制度创新的趋势。

新时代的职业院校与行业企业的合作应将融合的质量放在重要位置。为了达到这一效果,学校和企业在开展产教融合前就必须确定不同主体的参与、设计不同的层面、在不同的范畴联动推进可操作性的标准,促进职业教育产教融合更顺畅。国家发布了各项教学标准,可供各方共同参与制定产教融合相关制度时进行参考,明晰资质认定、质量标准和评估标准等,从包括政府、学校、企业等多个主体和包括专业设置、毕业考评等多个环节,推进职业教育产教融合建立质量标准和评估机制,更好地培养学生,提升学生的技能,促进产教融合高质量发展。扩大职业院校办学自主权,提升职业院校自身建设能力。要科学合理地制定薪酬制度,增加绩效在薪酬中的比例。完善产教融合师资队伍建设,职业院校可自主聘请兼职教师,实行五年一周期的教师全员培训制度和三年不少于6个月的教师顶岗实践制度,对职业院校毕业生在本省就业创业比例较高的学校给予表彰奖励。例如,湖南商务职业技术学院软件技术专业实施"3+1+2"人才培养模式,一方面应对教师进行高职教育基本理论的培训,有计划地选派中青年教师到高等院校、科研单位和大型软件企业进行深造;另一方面要加强对教师工程实践能力的培训,经常选派中青年教师到软件企业强化技术与实践能力;再一方面是制定相应的选拔制度,直接从软件培训机构和软件企业生产一线聘请懂理论、有经验、会讲授的研发人员来做兼职教师或作论坛性质的学术、技术报告,以加速双师型队伍的建设,学生在实训中心和企业实习，使得企业的技术人员能真正成为指导学生学习的实践老师[①]。

**（三）创新职业院校的治理手段，增强职业院校的治理能力**

给公民以最充分的自由是法治的目标。当下，《职业学校校企合作促进办法》《中华人民共和国职业教育法》已经发布，奠定了产教融合发展的基础。这预示着必须推进产教融合法治治理的配套性制度建设，如对产教融合中认定评估"双师型"教师的资质、职业院校关于在校学生去公司或企业的实习条例、产教融合中不同企业开办公司的资质认定、产教融合中对于知识产权的有关规定等，必须通过明确的条文予以规定，让各参与方明确自身的职责和权益。与此同时，国家层面还要修订配套法律法规，例如教育法、劳动法、企业法、促进就业法等，这样才能共同构建一个有序发展、协同治理的法治治理机制。

善治，是指政府与职能部门、学校、企业、社会中介组织等之间的良好合作。在产教融合治理过程中，注重政府的主导作用，将有助于善治的实现。例如，政府出台相关的产教融合政策和标准体系等，促进产教融合依法实施等。在产教融合的各个过程中，要始终强调不同部门的深度参与合作，不能仅停留在表层。各主体商榷建立并完善合作机制；不同的主体都应将自己置身治理的中心，打破治理边缘化，增强各类信息的交流互通，增强产教融合开展的效率。

重视不同主体之间的合作交流，共同治理。社会组织在现代产教融合治理中发挥了桥梁的作用，加强了各级政府、行业企业协会和社会团体的合作共治。因此，政府要加快确立社会组织的权力与责任，尽快建立起权责明晰的社会组织，重视职业院校内部的基层自治。职业教育产教融合想要建立自动调节机制，必须加强职业教育产教融合治理在基层学校和企业的自发组织和自我管理，善于治理自身。同时，职业院校、行业企业和社会团体等要不断摸索基层产教融合治理的新途径。

构建现代职业教育体系，建立职业教育立交桥。构建由应用技术大

---

[①] 姜华斌，张新民. 高职软件人才培养模式的探索[J]. 现代大学教育，2006，（04）：94-96.

学、高职学院、中等职业教育三级构成的现代职业教育体系，明确各市州至少办好一所应用技术大学或一所高职学院，主管厅局至少办好一所高职学院，县市至少办好一所中职学校。完善"3+2"中高职衔接学制，加大高职和应用型本科"3+2"专本沟通学制的规模比例，探索中职、高职和应用型本科"3+2+3"的一贯制学制，打通学制壁垒，建立职业教育立交桥，形成中职教育—高职教育—应用型技术本科乃至专业硕士、专业博士的顺利衔接与贯通，以此来推动我国不同类型、不同层次教育之间的协调发展，以期促进我国职业教育健康可持续发展。

建立产教资源流动通道。鼓励地方政府、行业部门牵头开展职业学校集团化办学，引进与专业相关度高的成长型、创新型企业入驻开展生产经营活动，健全"厂中校"互惠机制，鼓励社会资本进入人才培养，支持社会力量融入教学、发挥第三方教育机构作用并允许其合理回报。建议给予职业院校在使用国有资产对外投资方面的自主权，由学院按照合理的决策程序自行决定，向主管部门报批改为报备。允许学校利用自有资金支付教学资源购买、教学服务购买、知识产权购买、实习实训岗位及指导服务购买、企业兼职人员报酬等校企合作项目发生的必要支出。我们要紧抓产教融合这条生命线，扭住校企合作这个牛鼻子，创新职业教育，促进由人力资源大国向工匠强国转变。

## 第二节 职业教育产教融合的理论依据

### 一、协同理论

20世纪70年代，德国著名物理学家赫尔曼·哈肯，提出协同理论（Synergetics）。协同理论揭示了各种系统从混沌状态向有序状态、从低级有序向高级有序，以及从有序状态又转化为混沌状态的具体机制和共同规律,是一种综合性理论①。简言之,协同理论认为各自系统千差万别,但在整个环境中,各个系统间存在相互影响而又相互合作的关系,且它们从无序向有序转变的机制遵循共同的规律。

从协作的角度来观察,产教融合政策是一个整体的系统,它包括了国家和省市县相应政策、学校与行业企业相应政策、经济社会其他政策等各个子系统。此外,这些子系统间的联系是否紧密,发展需求是否得到满足,以及系统变化是否能够保持一致,这些都对整体系统的运作产生了直接的作用,也对产业教育融合政策的实际效果产生了直接的作用。所以,协作理论可以为解决目前产教融合所面对的众多问题,为其提供有用的理论支持,最大限度地满足其所要达到的目的,这对逐渐实现产教深度融合具有很好的作用。

## 二、集群理论

集群(Cluster)理论原指产业集群,用在教育学上,系指研发机构、学校、企业、中介机构、政府等组成的集群。借鉴集群理论,职业院校可以更好地实现校企合作和工学结合,进而提高培养人才的质量。

迈克尔·E.波特对集群(Cluster)的定义是:"集群是指特定的领域里相互联系的公司和机构在地理上的集中,集群包括一群对竞争起重要作用的、相互联系的产业和实体。"在教育学领域中,集群常指由研发机构、学校、企业、中介机构和政府组成的产学研集群,这些构成要素在目标和功能上相互依赖、相互补充。职业教育产教融合的最终目标是让职业院校的学生能够在实际工作场所中学习,不断提升自身的创新能力,并提高职业院校的教育水平。通过将理论知识与实践知识相结合,职业教育产教融合旨在为社会培养高质量的人才。行业企业能够同时参与职业院校合作,吸收新鲜血液,有助于提升行业企业的活力,改进生产技术,提升创新实

---

① 尚虎平,张怡梦. 我国地方政府绩效与生态脆弱性协同评估[M]. 科学技术文献出版社,2018:30–31.

力，研发高新产品，提高市场占有率。政府要时刻摆正在产教融合中的协调地位，不能过度干涉职业院校和企业的合作，也不能听之任之，要适度引导产教融合往健康、科学、可持续发展的方向走，出台相应政策进行引导，有针对性地减免税收，引导体制机制创新等。

职业院校产教融合，既是学校与企业、政府及其他媒介组织之间的一种创造性的结合，又是学校为学生提供技术应用能力的需求，同时也是高职院校的基本特点。在进行产学结合的时候，职业教育要注意对其进行有效资源的整合，充分发挥其在行业中的作用，充分运用各种不同的资源来培育出具有创造性的人才，并将其输送到各大公司，从而达到一个良好的发展方向，构建出一个产教融合的产业集群。

### 三、体验性学习理论

教育的发展与认知心理学的发展关系密切。体验性学习理论是产教融合的理论背景。体验性学习理论认为，学习者的知识和经验来自工作和生活。学生已有的经验是通过他们在生活中和工作中的体验形成的，不是凭空而来的。因此，体验性学习理论认为在社会实际的环境中进行学习是最有效率的，能大大提升学习质量，同时能激发学习者积极主动学习，满足自身生存与发展的需要。在工作和生活中进行体验性学习，可以充分激发学生学习的能动性，树立正确的学习目标，并不断激励自己朝着目标努力，在遇到困难和挫折时，及时做出自我调整。此时，学生的学习是有目标的，能让学生扎实地掌握基本知识与基本技能。

体验性学习理论不同于以往传统的以教师、教材、教室为中心的职业教育课堂教学模式。学生在"旧三中心论"的教育模式下，更多的是接受灌输式的教育，很难激发学生的积极主动性，学生个体的自由度受限，很难培养学生解决问题的能力与创新思维，很难发挥出学生的学习潜力。体验性学习理论强调学生走出课堂，走进社会，尤其是职业教育更加强调学生的动手操作能力。产教融合以学校和企业作为教学场地，学生具备两种身份，为学生提供了真实的操作环境，有助于学生全方位立体地感受知识，不仅停留在书本中，学生能真正理解知识，在工作中学习技能，将学习到的理论知识转化为实践能力，这样可以养成学生独立自主的动手能力，遇到问题独立思考，提出创新性的解决方案，不断提升其综合素质与综合能力，以便更好地适应岗位需求。

**四、教育与生产劳动相结合理论**

该理论认为，教育与生产劳动相结合是改造现代社会最有力的手段之一，是提高社会生产的一种方法，是培养全面发展的人的唯一方法。产教融合的教育学理论基础是教育与生产劳动相结合的理论。在当代，把它同生产联系起来，是一种最有效的方式。列宁坚持和发展了马克思主义关于教育与生产劳动相结合的理论，他认为："没有年青一代的教育与生产劳动的结合，未来社会的理想是不能想象的。"

教育与生产劳动相结合的理论，揭示了生产劳动与教育之间的关系。社会生产发展对职业教育提出了新的要求，职业教育需要培养高质量的人才才能满足社会发展的需求。教育者应继续探索如何更科学合理地将教育与生产相结合的方针运用于产教融合中去，对产教融合个环节的主体、方式、内容进行不断完善。

## 第三节 职业教育产教融合的利益相关者

按照系统论的观点，系统是由元素组成的有机整体，系统的复杂度越高，所含的子系统和内部的层次结构就越复杂。教育制度是整个社会大系统中的一个子系统，职业教育是教育制度的有机组成部分。第一，要注意与经济、政治、文化、科技等各方面的协调发展。第二，重视高职院校与一般院校、成人院校等之间的协调发展。第三，职业教育内部体系要注重不同层次之间、不同专业之间等的协调发展。产教融合中的利益相关者主要包括政府、市场、企业和学校，各利益相关者在职业教育产教融合中必须协调发展。

相关利益者共同服务于职业教育产教融合，必须明确以下几个方面：一是构建产教融合发展格局。河北省支持有能力的城市加速推进现代化的职教园区的发展，力争把曹妃甸区和渤海新城建成国家高端制造产业发展的重大战略产业集群，并以此为基础，在京津城市圈内，建立一大群"产学研"融合的重点实验室、工程技术中心、科技成果转化与创新服务中心等。江苏省将发展高职高专教育与培养放在构建现代工业体系、保障和改善人民生活的大局中来考虑，使高职高专教育与培养符合当地实际，与主体功能区相匹配，与园区相衔接，构建高职高专与产业园区协同发展的体制，将新旧职业院校集中到园区，并对接全省主体功能区"1+3"发展规划，培育一大批符合主体功能区特色的高职高专。湖北"十四五"期间将培训职工300万人次。湖北和广西高职高专的师生对技术研发、产品设计等具有自主产权的，可以按规定作为公司的股份。二是要加强公司的经营管理。河北省鼓励以大、中、小公司为龙头，与高校、科研院所联合组建产业（技术）研究院和产业（科技）创新合作机构。安徽省将向有关的科研院所等提供资金支持。广西可以对与高职高专发展计划相一致的企业，采取政府采购的形式，对其开办高职高专的单位予以扶持。三是推动高职高专教育和工业基地建设的协调发展，使高职高专教育的培养数量与行业的发展水平相匹配。江苏省按照"园校结合"的原则，建立了一个"融合型"的高校科技园，通过引进一些公司和高校，构建了一个以职业教育和科技服务为支持的"产教融合"的双轨系统，实现了企业与学校之间的"双主体"教育。江苏的高职发展呈现出一种主要的模式：江苏大学的"集群式"办学模式，常州大学的"集聚式"办学模式，以及职教集团的"集团式"办学模式。全省有超过60%的县职业技术教育基地设在当地的工业开发区内，目前已有60多万名在校大学生在该开发区内学习。四是加强产学结合的工程支持。广东省积极开展现代学徒制试点，由政府给予补助，广西实施基础能力建设工程、"特色专业+实训基地"建设工程、职教园区建设工程、职教集团建设工程。重点扶持建设20个示范性职教集团，支持建设一批教育型企业。五是推进职业教育实训基地建设与职业培训，服务区域经济社会发展。江苏省鼓励实训平台向社会开放共享，提升实训平台实践育人和服务能力。江苏省在"十三五"期间遴选建设160个省职业教育名师工作室，选聘303位企业精英为职业院校"产业教授"。南京信息职业技术学院对接先进装备制造、人工智能等新兴产业，已建埃斯顿工业机器人4S中心、阿里云大数据等UPD平台6个，建成电子工程中心等研究中心4个，引入云仕科技等企业9个，并参与教育部-中兴通信ICT创新基地建设。四年来，社会服务增幅显著，技术培训、农村信息化推广培训、横向科研及技术服务项目等四项服务经费累计达5400余万元。南方测绘集团成立校企合作平台南方学院，目前在142所院校开181场测绘公益性公开课，累计有30,000名师生参与，其中与广西师范学院合作建成的南方地理信息学院入选国家级"新工科与实践项目"。武汉厚溥教育集团与全国9个省份超过40所高校进行深度合作，校企共建厚溥合作学院。企业方自有实训场地作为学生校外实训基地，其中在武汉的花山软件新城实训基地约5300平方米以及光谷软件园实训基地约2200平方米，一共提供近2000个工位，供学生实习实训。入选国家工信部人才交流中心指定大学生实习基地。广东邮电职院坚持实施"双驱双轨"办学模式，加强与政府和行业的合作，办学以来为社会和行业培训量累计达1000万人日，2022年服务培训量68.8万人日，整个客户遍布全国34个省（自治区、直辖市），并与各大企事业单位建立了30多个合作培训基地，被评为全国职业院校服务贡献50强、"广州市最受欢迎继续教育与培训机构"。

## 一、职业教育产教融合中利益相关者协调发展的内容

职业教育产教融合发展是一个不断改进更新的过程。职业教育产教融合在发展过程中会出现种种阻力，因此，必须将解决这些矛盾与阻力作为职业教育的重要任务，营造良好的产教融合发展氛围，为职业学校与行业企业的合作扫清障碍。

职业教育产教融合的发展和运行依靠不同主体发力，包括政府、职业学校、行业企业、市场、社会团体等。它们分别从不同角度对职业教育产

教融合进行调节，确保产教融合长效发展。

（一）市场协调

当前国际上，许多国家对职业教育进行产教融合的调节的重要方式和内容都是以市场方式为主导的。目前，我国职业院校在人才培养、技术服务和国际化三个层面上都存在与市场结合不紧密等问题。

在市场经济的大背景下，高等职业技术学院的办学模式由"卖方市场"向"买方市场"转型。在日益激烈的社会环境下，高校要在日益严峻的社会环境中获得更大的发展，就需要培养出更多高素质技能型专业人才。在"买方"的环境下，大学生可以自主地在学校、专业和课程上做出自己的决定。高职教育只有在符合学员和父母需要的情况下才能存活；如果不能够适应新的竞争环境，那么很容易就会被淘汰。市场化要求高职教育加强自己的教育质量，提高自己的综合办学水平。传统的高职产教融合没有充分地对科技服务市场的关注，导致大学生尽管具备了技术知识和专业能力，却缺乏科技思维，这影响了产教融合的发展。在职业院校中，技术产品与技术服务在产教融合中发挥着重要作用。要使职业院校在激烈的市场中拥有自己的一席之地，就需要强化高品质的技术支持，提高学校的教学水平，增强产教融合的吸引力。

高等职业技术学院产教融合和人才有密切关系。为了更好地促进产教融合，必须主动与国内人才资源及人才供求进行匹配。高职院校学生的就业率高低，对职业院校的规模调整，专业与专业的开设，都有一定的影响。职业教育要培养符合就业需求的高素质人才。

（二）政府协调

对职业院校的产教融合进行调控的最重要的方式就是通过政府对其进行调控，在对其进行调控时，可以发挥出政府宏观的引导作用，从而掌握整个发展方式。当前，职业院校的产教融合正面临诸多困境。例如，职业院校的产教融合究竟应该向多大程度发展，以何种速率发展，才能更好地与社会、与企业相适应；应该如何对职业院校的产教融合进行科学的计划与协调，仅仅依靠市场机制来调整，很难有效地克服上述问题。这就要求企业参与到国家的治理和调控中去，要充分发挥政府行政职能，制订国家的强制规范和发挥调控作用。在对职业教育产教融合的发展进行介入时，要遵守其发展的原则，不能对其进行盲目推动，更不能对其盲目决策。国家应该制定相关的法律、法规，并采取一些有效的行政措施，来持续地指导职业教育的产教融合发展，让它能够朝着一个健康有序、可持续的方向发展，从而防止发生一些不可控制的错误，尽可能最大限度地对职教和学校进行最优的资源分配，调动职业院校、行业企业等各个方面的积极作用，让职教产教融合的发展逐渐地与社会的发展相适应，从而达到共赢的目的。我国职业院校产教融合政策的制定与实施，是当前职业院校产教融合发展的必然选择。

首先，通过对产教融合的国家调控，能够保证产教融合的根本价值导向没有偏离轨道，从而实现产教融合的目标。高职教育产教融合，其终极目标应当是推动社会的公平，为社会培育出更多优秀毕业生，更多地适应新时代对人才的需要，而更多地关注于"人"本身，关注于人自身的发展。上述问题都是在产业与教育的结合中要弄清楚的，还须由国家来干预，通过行政的方式来规范，唯有国家出台相应的法律、条例，来指导产业与教学的发展，这样，职业院校的教育才能更好与产业相融合，能更好地培养产业、社会所需的人才，职业院校应该更好地履行自己的职责，更好地参与到当地的经济与社会发展之中。

其次，加强对职业院校产教融合重视和支持。在这些战略要点当中，有一些是公司和个人不愿意去做的，也有一些是他们想做但做不到的，所以，政府所关心的那些战略要点，这是在职教一体化发展过程中所面临的关键问题，是不容忽略的。为此，要从整体上对职业院校的产教融合问题进行有效的调控，促进职业院校产教融合的良性发展。在一个完善的市场经济体系下，这一点尤其关键，如果不这样做，就会导致企业的资源被严重地分割开来，企业很难把社会的各个方面资源整合起来，通过政府协调实现企业和社会对产教融合的高度重视。

最后，通过国家层面的统筹，实现了职业院校产教融合的规模与速度以及院校分布的均衡。在特定的时间和特定的条件下，到底要办几所职业学校，要办什么类型和层次，办学的规模和发展的速度如何，都是市场或学校难以确定的，还需要更多地依赖于国家的调控。而国家对职业院校产教融合的社会发展需要有更多的认识，可以更好地进行总体规划和协调。而国家也可以通过运用现有的财政资源，对职业院校产教融合的发展进行调整，从数量和质量两个角度对职业院校产教融合进行调整。

（三）企业协调

职业教育的受益者有许多，其中受益最大的就是行业企业，同时，行业企业也是职业教育培养人的重要场所。高质量的职业教育为企业输送高技能人才，能促进企业发展；低质量的职业教育为企业输送低技能人才，不利于企业长远发展。可以说，职业教育质量的优劣，直接影响企业发展的好坏。因此，不同国家的企业在对职业院校的发展和运作进行调整时，其调整的方式、调整的范围、调整的程度等都存在不同，但其调整的主要内涵仍存在某些共性。目前，全球大多数公司都把参加高职院校的培训，列入了自己的经营计划之中。在职业院校，作为职业院校发展和运作的主体，必须将企业对人才需求融入到职业院校的教学活动中去。一方面，企业及时向学校提供岗位需求，学校可及时调整专业设置；另一方面，学校可以为企业输送优秀的毕业生，让企业焕发新活力。

一是企业直接开展职业教育与培训。企业最初举办的职业教育，教学内容一般是师父将自身多年的知识和经验传授给学徒，带有很强的学徒制属性。职业教育强调动手操作和自主实践，要求掌握的操作技能常常与具体的工作岗位需要具备的能力相契合。从这个角度来看，企业具有明显的人才培养的条件与优势。企业通过举办职业教育与培训，培养自己所需人才，以求立于不败之地。

二是投资于职业教育。企业的员工有很大一部分来自职业院校，职业院校主要为企业培养人才，企业理应与职业院校一起参与人才的培养，为职校生提供培养资金和培训场地等。2015年，我国民办高等职业学校的学校数、招生数、在校生数比2010年分别增加7所、21.43万人、41.56万人；占全国所有高等职业学校的比例分别为23%、24%、22%[①]。这严重影响了我

---

① 周凤华. 民办职业教育的现状分析与策略研究[J]. 中国职业技术教育，2017，（06）：10-18.

国职业教育产教融合的办学经费来源，不利于提升职业教育质量。

三是对职业院校的政策制定进行积极的参谋。职业学院是为企业输送高素质技能型人才，因此，企业必须参与到职业技术学院的产学合作中来。从整个职业教育产教融合的角度来看，企业最重要的是要从微观角度出发，根据自身的经验以及可持续发展的长远规划，对职业教育产教融合的政策制定，提出一些有用的建议。同时，从宏观层面上，对职业院校产教融合形式产生影响，包括对职业院校产教融合的指导思想和政策的制订。例如，他们参加了学校入学选拔订单式的学生的方案，参与专业人才的培养计划的制订。

### （四）学校协调

职业教育最直接的教学场所就是职业院校，职业教育产教融合机制正常运行也离不开职业院校。因此，职业院校内部运营有序，能促进职业教育人才培养目标的实现，打造高质量的职业教育；反之，则会阻碍人才培养目标的实现，影响职业教育在整个教育系统中的地位。目前，职业院校面临着激烈的市场竞争，面临着国家的宏观管理，面临着社会对职业院校的多元化要求。而在此过程中，职业院校要妥善地应对其他主体所带来的压力和激励，并对各类冲突与问题进行适时调整，为提高产教融合的品质奠定坚实的基础。职业院校的自我协调主要表现在以下三方面：

一是办学形式的多样化。在最开始的时候，职业教育还没有学校教育的形态，主要依靠师父对徒弟手把手教学、口口相传的形式。随着生产力的不断发展，师徒制的办学形式慢慢不再是职业教育的主流办学形式，职业学校教育慢慢兴起，能一次性培养一批技术技能人才，提升了人才培养的效率。随着职业院校的发展，企业培训日渐出现，在企业内部对员工进行培养，能根据企业的需求对学生开展职业技能的培训，满足企业用人的需求。事实上，不论是单纯的学校形态职业教育还是企业的职业培训，都存在着其自身不可克服的问题。如果只有学校形态的职业教育，那么培养出来的技术技能型人才很可能不符合用人单位的需求。如果只有企业培训没有学校教育，那么学生的理论知识将会很薄弱不利于深层次理解操作技能知识。因此，学校形态的职业教育和企业培训两者之间应该相互促进，职业教育才能得到长效发展，职业学校与行业企业共同办学的形式应运而生。在这种情况下，20世纪70年代以来，我国也有了一种由地方政府、职业学校、行业企业、社会组织等多方力量共同参加的多元职业学校的模式。

二是学校向社会开放。"校园"与"社会"的融合，是当前发展的需要。职业院校要转变自己的观念，对自己的办学思想进行适时的调整，引入先进的教育思想，并对其进行积极地改进，改变单一化的方式，采取多种形式育人的培养模式，适应不同专业、不同企业的需求，在发展职业院校时要充分考虑社会经济的发展和科学技术的需求，主动将人才培养的目标与社会联系起来，加强自身的主动性，响应社会开放并不断提升开放的程度。职业院校还要增强为社会的服务意识，培养社会需要的人才，让毕业生能尽快地适应工作岗位，为社会发展建设贡献一份力量。

三是完善学校内部管理体制。职业院校对内部管理体制进行调整与完善，能提高学校的投入产出，增强自身的活力[1]。职业院校的内部管理直接影响到职业院校的办学成效，要是职业院校对教师、学生进行合理科学的管理，那么人才培养目标实现的难度将大大降低，要是职业院校难以对内部进行有效管理，那各项改革都将受到阻碍，很难形成良好的校园文化。学校的主要任务是教学，因而各职业院校常从教学管理体制入手来改革和调整管理体制。在进行教学管理时，首先应进行学制的管理，不应仅采取单一学制的方式，还应考虑到不同学生、不同课程之间的差异，应采取弹性学制，进行学分制改革，允许达到学分的学生提前毕业。让学生在选课的时候能最大限度上尊重自己的主观意愿，选到自己感兴趣的课程。

本节从以上对我国职业院校发展的内外协同进行了研究与研究，得出了职业院校产教融合发展与运作最显著的特征就是市场调节与国家介入。在职业院校中，以市场为核心的一种配置方式，它是职业院校产教融合发展与运作的一个必要条件，也是市场经济与教育学相统一的体现。而国家则是对市场调节最必需的辅助，从微观层面上对其进行调节。为此，本章着重对我国

---

[1] 彭建. 论职业教育发展的调节机制[J]. 湖南经济管理干部学院学报，2005，（04），102-103.

的经济发展中的"市场调节"与"国家调节"两个问题进行了探讨。

## 二、职业教育产教融合发展的市场失灵与政府协调

职业教育中的市场有广义和狭义之分。狭义的职业教育市场是指有形市场,即用于交换各种软硬件商品的场所,以促进职业教育和教学的发展。而广义的职业教育市场则包括实体市场和非实体市场。非实体市场指没有固定的交易场所,通过广告、中介机构和其他形式进行交易,对于职业教育而言,主要指各类劳动力市场的存在与运作。在这些市场上,各种职业教育相关的人力资源交流和就业机会得以实现。在经济学理论中,市场机制是资源配置的基础,其通过价格机制、供求机制等价格杠杆发挥资源配置作用。因此,职业教育中的市场机制应该是指职业教育所具有的资源配置作用,即通过教育行业内企业的人才供给和需求状况,实现人才资源的合理配置和优化。然而,在现实中我们发现,在职业教育中,人力资源配置在很大程度上被视为一种市场现象,即通过价格机制和供求机制实现人才资源的有效配置。同时,政府对职业教育行业企业的有效监督、协调、管理和引导也是市场机制所不能起到的作用。因此,职业教育中的市场机制与政府间的协调就成为一个值得研究的重要问题。从理论上来讲,当前我国高校和职业院校存在不同程度的校企合作问题。在实践过程中,需要明确双方主体地位、完善人才培养体系和加强企业支持力度等措施来促进产学研协同创新与产业需求相结合;同时要发挥职业院校办学优势,提高教学质量,培养学生就业竞争力,提升学校社会声誉等。

### (一)完全市场协调下的市场失灵及其表现

按照竞争程度的不同,经济学中把市场结构划分为完全竞争市场和不完全竞争市场两大类[1]。完全竞争市场具有以下特征:消费者与产品生产的公司数量占比大,单个消费者的需求量和各企业的供给占很小的市场比例,所以消费者容易把产品的市场价格视为产品的价值。长远的角度看来,企业能

---

[1] 肖化移. 试论职业教育发展的市场失灵与政府调节[J]. 职教论坛, 2006, (11): 4-6+18

自主地选择是否进入、退出某一行业[①]。在这种情况下，每一位消费者会想要最少的价钱买到最好的产品，买东西时会货比三家，找出性价比最高的货物。在产品质量差不多的情况下，会选择价格更便宜的一款产品。

完全竞争市场中的职业教育，指的是职业教育的市场上，职业院校的学生来源很充足，不需要担心生源缺乏的问题，社会上也有许多优质的职业院校供学生和家长进行挑选。同时，学生和家长能通过各种渠道完全了解心仪学校的建校历史、办学质量、人才培养规划等，职业院校在招收学生前，应该对本校进行定位，需要招收什么样的学生，学生应具备什么样的基本素质。学校还要能及时了解社会岗位的空缺和需要什么样的人才，不断完善专业设置。学生能根据自身的特点和爱好选择相匹配的任一职业院校。职业院校亦能按照本校人才培养目标招收具有发展潜力的学生。职业院校培养出来的学生都能在各岗位上找到适合自己的工作。

然而，在现实生活中，上述情况没有做到完善统一。社会上对各类人才的需求总是在不断地变化，各类用人信息变化比较快，所以市场调节并不是在所有时候都有效果，完全依赖市场进行调节是不可取的，很多时候会出现问题。劳动力市场反馈的信息绝大多数是以往市场的变化信息，很难预示未来的市场需求，这样很容易导致职业院校培养的人才不能满足未来市场需求，职业院校专业的调整容易滞后于市场经济的发展，不能很好地服务市场经济。除此此外，市场提供的信息具有不完整和很多难以把控的因素，无形中加大了职业院校进行专业设置和调整的难度，容易造成追求热门专业，培养过多热门专业的人才，导致同类人才供给过多，市场上的岗位被占据后，职业院校没有及时调整专业设置，继续向社会输送该类人才，融合导致需求饱和，毕业生很难找到匹配的工作。同时，职业院校疏于对一些专业的建设，会造成这些专业人才紧缺，造成人才结构性失调。等到职业院校意识到问题又重蹈覆辙，不利于职业教育科学有序发展。综合上述问题，在职业院校发展与市场经济的不协调下，极易导致"市场失灵"。这些失败的原因有如下几点：

---

[①] 魏杰主编. 经济学[M]. 北京：高等教育出版社，2000：320.

第一，劳动力市场中的竞争失效。在一个完整的市场中进行的竞争应该是一个完整的竞争[①]。但是，在现实世界中，职业教育的人才培养与劳动力市场的需求并不是完全对应的。一方面，层次和办学理念不同等的职业院校培养的毕业生的质量也会存在差异，有些学校培养的学生质量相对较好，综合素质较强，而有些职业院校培养的学生素质较低，创新思维和动手能力较弱，在人才素质方面的差异却难以充分反映到市场中；但是，因为很多职业院校专业具有一定的相似性，所以各学校培养的人才知道技能也具有一定的相似性。上述各种因素，都会极大地降低学校学生就业竞争力。在人才的培养上，由于多方面因素的限制，不能做到真正地充分竞争，职业院校人才培养的质量是参差不齐的。我国目前的职业院校虽然很多，但是办学水平良莠不齐，而企业是以营利为目的。所以在就业市场中，竞争失效。劳动力市场上有一个"供求均衡"的概念，即某一种类型或者职业的人才在供给市场上和需求市场上达到均衡状态。从就业市场角度出发，劳动力供给是指那些从职业教育中毕业的人，即那些接受过职业教育但还没有找到工作的人，这些人在劳动市场上可以找到工作。从就业市场角度出发，劳动力需求是指那些有工作可做、需要就业或者没有就业需求、要求就业但不愿意或者无法接受职业教育的人。但是从现实生活中看，基于种种原因，我国劳动力市场上不仅有过剩的劳动力群体存在，而且还存在着大量有就业需求、但是无法通过职业教育来获取就业岗位的群体。因此，在劳动力市场上就出现了严重失衡：一方面是大量的富余劳动力不能得到就业机会；另一方面是大量有就业能力的职业院校毕业生无法找到工作。这两个方面相互制约。但是我们知道，要想使劳动力市场达到均衡状态，最重要最基本的条件就是劳动力供给与需求在数量上相等或接近。

第二，职业教育准公共产品的外溢性。在现实生活中，从自身需求出发，每个人都寄希望于他人生产商品供自己使用，而不是自己提供给他人使用。但是，职业院校提供的准公共产品具有非竞争性，大都是免费提供的，职业教育具有公益性，企业在招收应届毕业生的时候并不需要额外向职业院

---

[①] 肖化移. 试论职业教育发展的市场失灵与政府调节[J]. 职教论坛，2006，(11)：4-6+18.

校支付费用。生产某种产品并不能使产品提供者受益，那么生产者很有可能不再继续生产这种产品，会选择其他利润更高的产品。但是，市场在调节的过程中并不会有意识、有规划地进行调整，市场调节本身具有盲目性和自发性的特点，并不能解决公共产品提供的难题，很容易导致市场调节出现失灵的现象。同时，公共产品的内部收益很少，而外溢性却较强。职业院校培养的学生对社会的贡献远远大于对职业院校本身的贡献，容易造成职业院校投入的成本和回收的利润不匹配，阻碍资源配置的优化。

第三，职业教育市场信息的不完全性。完全竞争市场理论下对信息的假定是一种十分理想化的表达[①]。这种说法不仅假定了生产者与消费者掌握了大量的市场信息，而且能较准确地预计未来的发展趋势。由于信息不完全性，市场并不能像完全竞争市场中对信息的假定。职业教育市场作为一种特殊的商品市场，信息不完全性也是客观存在的。因为职业教育市场中存在着一系列影响教育资源配置的因素，这些因素包含了国家政策、学校自身办学条件、市场需求和消费者偏好等，这些因素会直接影响到职业教育市场的供给和需求。并且，职业教育市场中还存在信息的不对称性，这也导致了职业教育市场存在"买方垄断"和"卖方垄断"现象。在我国目前的职业教育市场中，主要由政府、学校、企业和消费者组成，其中政府作为信息传递的主体，往往会对职业教育市场起到积极的影响。但是由于政府本身信息传递能力有限，导致职业教育市场上存在严重的信息不对称。这就导致了学生、家长和学校在进行职业教育选择时出现了严重的"信息不对称"现象。职业院校为能够吸引学生和家长进行消费，往往会利用自身掌握的各种资源、渠道来对学生和家长进行宣传。但在现实中，学生家长往往由于受信息不对称影响而导致选择错误，从而导致其教育投资失败。目前市场提供的信息并不是非常全面的，对信息的了解和掌握得不完全和不充分会影响竞争的有序开展，从而慢慢地降低市场机制的运行功能，出现市场失灵现象。

第四，职业教育市场的不完全性。一方面，单纯依靠市场经济的调

---

[①] 肖化移. 试论职业教育发展的市场失灵与政府调节[J]. 职教论坛, 2006, (11): 4-6+18.

控难以及时合理地提供某些公共产品和有外部收益的产品；另一方面，市场在其他商品的供给上，则存在着很大的困难，甚至是很难得到足够的供给，从而导致了不完整的商品供给。比如，在职业教育中，有些具有投资风险较大、投资金额较大、获益周期较长、市场需求量较小，却是对社会发展和人民生活有重要意义的专业，比如，有些高技术新工科专业，就很难在这个市场上全面地进行供给。另外，一些行业因为相对利润过低，从而导致了一些行业的不完善。职业教育市场的不完全性是市场经济的固有属性，这就要求政府在职业教育领域发挥重要作用，采取有效措施弥补职业教育市场的不完全性。

（二）政府协调及其可行性

现代社会组织的构成可分为三个方面。一是行政管理组织，二是企业及其他私人的营利性组织，三是介于上述两者之间的非营利公共组织。政府需要对这些组织进行合理的管理，政府也有能力对社会组织进行管理，其他机构或团体都很难具备政府这样的管理能力，政府是天然的国家与社会的组织管理者。

政府协调的主体往往是国家，立足整个教育系统的全局发展对整个社会的职业教育活动进行统筹把控，国家对职教的调控是一种有组织有秩序的治理，对职教的投入更多的是与个体的资产情况相关联。若是不考虑职业教育外部影响的作用，不让政府参与职业教育的管理的话，仅依靠社会经济市场对职业教育进行调节，市场经济的调节具有很大的盲目性，很难统筹规划，极易造成职业教育机会不均等的问题，职业教育产教融合也就很难取得预期的成效。人力资本投资难以变成可抵押的资产，而且也无法较为准确地给出个人的收入函数。政府对职业教育产教融合进行调控是十分必要的。

政府协调好职业教育的前提是所涉及的各种要素要形成有机体，发布政府进行教育的宏观调控。只有具备一定的组织形式，各个要素之间才能正常运转，发挥出系统的最大功能，帮助职业教育产教融合往好的方向发展。政府对职业教育进行宏观调节具体来说有以下四种表现：

一是有完善合理的组织结构。在市场经济条件下，组织结构是指在一定的社会经济条件下，由一定的社会组织对社会生产、分配、交换、消费等经济活动过程进行控制与调节的方式和过程。这是一个开放系统，它可以由不同层次的组织机构组成。组织机构是教育宏观调节机制中最基本的要素，没有组织机构何谈宏观调节，组织机构对教育的宏观调节作用巨大，可以说决定着整个机制能否发挥作用。教育作为一种特殊的社会现象，具有鲜明的社会性和一定的职业性，要想使职业教育健康发展，必须建立与之相适应的组织机构。组织机构设置得合理，那么政府能对职业教育进行有效的宏观调节，组织机构设置得不合理，那么政府很难对职业教育进行有效的宏观调节。各级政府协调机构和各个微观教育单位的责权利关系明确是组织机构完善合理的标志。当然，各种教育宏观调节机构的设置，必须满足职业教育产教融合发展的需要，还要考虑到我国社会主义国家的国情，建设符合国情和职业教育发展的组织机构，这样才能更好地为其服务。

二是有多层次的动力结构。动力结构是指国家与微观教育单位由于利益关系所产生的动力机制。行政力量和利益分配是连接国家与微观教育单位的两个主要是动力[1]。行政指令对各级教育调节主体来说一般是奏效的，行政指令一经发布，各下级单位都会积极相应政策，进行相应的改革。但是行政力量是有限的，不可能所有的调控都用这种手段，行政指令的缺点是有滞后性，在它的作用还没有发挥时，事情已经变了。职业教育是一项复杂的系统工程，在发展中不断进行调整和完善。因此，需要从各级教育调控主体的切身利益出发，将各级调节主体的责权利结合起来。

三是有纵横交错的信息传导方式。在市场经济的背景下，在职业教育的宏观调控机制中，信息的流动包括了直接输入、逐级反馈信息的宏观调整的传递方法以及以市场为媒介的交叉的信息网络，从而将宏观的教育政策信号输入市场之中。在职业教育中，一般情况下，它的传递途径是非常复杂和交织的。例如：由政府命令向不同层次的教育调控主体发出，由劳动力市场和学校之间的直接接通而产生的消息渠道，还有就是在这种多种多样的信息传递过程中，很可能导致了消息传递的失误。因此，需要国家对相应的政策进行解读，以便大众对教育政策进行正确的理解，有助于职业教育政策的实

---

[1] 肖化移. 试论职业教育发展的市场失灵与政府调节[J]. 职教论坛，2006，(11)：4-6+18.

施,最终促进职业教育产教融合的发展,培养高质量技术技能型人才。

四是有多种手段和方式构成的体系。这就是对职业院校进行经济和法律方面的宏观管理,而对职业院校实施的宏观管理则是以经济和法律手段为主,以行政手段为辅。在对职业教育进行产教融合的过程中,国家并不能完全依靠行政的方式来进行调节。这样容易造成决策失误和一刀切等弊病,不利于政府对职业教育的管理。因此,还应考虑到对微观教育单位的引导要以物质利益变动为其核心的调节方法,通过将职业教育的发展与各利益主体的切身利益绑定起来,才能最大限度地调动其参与主体性和积极性。关于这一点,在接下来的"政府协调的方式与手段"中将有更详细的分析。

(三)政府协调的主要内容、方式与手段

政府协调指的是在整体层面上,对职业教育产教融合展开的一种宏观的管理,也就是说,在整体上,对职业教育的各项工作展开的一种决策,并对其进行监管。这样,就可以提高职业教育产教融合的育人品质,最终可以获得期望的育人结果,还可以推动产业和企业的发展,最终获得一个多赢的结果。政府的协调要基于每个宏观教育单元的教育,但只是对其发展的方向进行指导,并没有涉及日常的教学管理、学校活动等细节,在此基础上加强宏观协调,加强规划指导,加强政策调控,加强监管和保证。

第一是宏观协调。在宏观管理的外在协调性方面,要使职业院校既要与经济和社会发展相适应,又要与科技进步相适应。而在现代的信息技术条件下,高职院校可以为我国的发展创造更多的高素质的就业机会。而在此过程中,它又与经济发展有着非常密切的关系。职业教育培养的人才质量对社会经济发展程度起着重要制约作用。同时,经济社会的发达程度对职业教育的办学规模、办学速度等起着一定的制约作用,不发达的经济社会对职业人才的需求一般是低要求的,大多为劳动密集型产业,需要大量的工人从事廉价、重复的工作。发达的经济社会对人才的要求比较高,低技能的技工难以满足社会对高素质技能人才的需求。职业教育与市场经济等外部因素的协调并非职业院校本身能解决的,政府需要进行宏观调控。内部协调指的是职业教育自身系统中不同的办学层次和不同的办学形式之间的协调,包括初等职业教育、中等职业教育和高等职业教育之间的协调，不同办学层次之间不协调很容易导致职业教育断层，相互之间不衔接，人才培养目标不一致，很难培养预期的人才。还包括学校形态的职业教育与职业培训之间的协调，任职前的职业教育与任职后职业教育之间的协调，以及正规的职业教育与非正规的职业教育之间的协调等。不同办学形式之间不协调会导致人才转岗换岗困难，难以打造终身学习的社会。

第二是规划指导。规划指导就是根据确定的发展方向，将总体发展的目标具体落实到具体工作中去。在特定时间内，职业院校产教融合发展的特定对象，只有在该时间内，才能依据该时间内已有的经济条件和发展趋势，来决定职业院校产教融合发展的具体目标。"经济根基"是职业院校产教融合发展的前提和依据，"产学结合"的发展也应该有一个5年时间间隔的规划。我国在经济社会发展的规划中，通常也是将5年作为一个节点，这个节点与国家的5年经济和社会发展计划之间存在一定的联系，这样就可以将这一时期的经济和社会发展的发展方向进行掌握，对社会和社会的发展所产生的各种因素进行全面的考量，从而对科技发展对各种类型的人才的大体需要有一个清晰的认识，尽可能地制订出与社会要求、教育规律一致的规划，从而达到教育合力效应的最大限度。

第三是政策调整。政府协调的目标必须施以相应的政策和手段。政府应该依据现实情况及时调整职业教育产教融合相关的法律法规，及时出台符合职业教育与经济社会和科学技术协调发展的新法规，明确主体的权责，为适应社会对高职院校的需要，提高高职院校的教学质量和水平。职业教育的办学政策和投资政策要根据经济社会人才的需求进行不断调整，而当社会上对某些专业的人才需求增大时，学校就必须及时调整人才培养方案，更多培养该类人才，适当缩减社会需求量少的专业人才数量，以达到教育的供给与经济发展对人才需求的协调一致。但是政策的调整不应盲目，各政策之间要有相似点又有侧重点，直至建立起完善的职业教育法律体系。

第四是监督保障。监督保障是通过制定法律法规而对职业教育进行的管理与监督活动。一般来说，应该一分为二地看待职业院校的教育行为。首先，各学校通过不断提高师资水平，加大各方面的投入力度，建设良好的校风班风，不断提升自身的办学条件，增强办学竞争力，取得市场竞争的优势，最终会让教育质量往好的方向发展；其次，个别职业院校的工作人员在利益驱动下，也会出现了一些不合法的情况，比如乱办班、乱收费、滥发文凭等违法行为。这种做法会使大众对职业教育越来越失去信心，不愿意在让孩子学习职业教育，反而容易导致职业教育发展受阻，不利于社会稳定。理论上说，教育的宏观调控主体，他们代表着全社会的整体利益，他们制定政策的出发点都是为了整个国家能政策有序地运转，但实施宏观调控的个人实施具体的教育行为时，有时也会受到某种利益的驱使，不利于政策体系的长效发展，只看到眼前利益，忽视长久的利益，这是非常不明智的。为此，要确保学校的正常运作，就要构建健全的法律监管制度，确保高职院校产教融合工作的高品质发展，从而推动我国职业院校产教融合工作的顺利进行。

通过上述内容，我们了解了职业教育产教融合发展中政府协调的作用，有助于明确政府在产教融合中的地位，以便政府能合理地发挥统筹、指导的功能。那么，政府到底是如何对职业教育产教融合进行调节的呢？政府协调职业教育的方式和手段主要有以下三种：

一是政府通过财政资助协调职业教育。职业教育是准公共产品，它并不是某个人或者某个群体的私人商品，因此，会采用政府资助的方法，对该职业教育进行扶持，使之朝着良好的方向发展。从整体上看，国家对高等职业技术学院的补贴，有两种方式：首先以直接或间接方式给予补贴，其次以降低企业税收，以促进企业对职业技术学院的发展。因为它的发展时间很短，主要面向的是技能型人群，它的教育实践要求更高，所以很多国家都给予它一定的经费支持，以推动它的发展，提升它的办学质量和教育水平。我国现行的高职投资结构中，国有投资结构占到总投资结构的一半以上。我们必须明确地看到，在将来，行业内企业对职业教育的投资，将因企业的利润上升而大幅增加。

二是政府通过法律法规协调职业教育。法律制度是目前国际上规范和规范我国职业院校发展和运作的重要措施。为保证学校健康发展，有关国家制定了一系列的基本政策和重大的改革举措。联邦德国十分注重对其进行法律规制，以强化对其的规制与监管。例如，1969年，中国颁布了《职业教育法》，为职业教育的发展提供了法律基础。1981年，又通过了《职业教育促进法》，进一步加强了对职业教育的支持和促进。与此类似，美国在1917年通过了《史密斯—休斯法案》，明确规定联邦政府每年拨款用于资助各州的职业教育项目。此后，1963年，美国又通过了全国职业教育法，明确规定联邦政府通过拨款参与职业教育的规划和管理。这些法律法规的制定为职业教育提供了法律保障，促进了职业教育的长期发展。不同国家通过制定各种形式的法律法规，为职业教育的发展提供了框架和规范，为其长期稳定的发展奠定了基础。

三是政府通过提供信息服务协调职业教育。随着互联网时代的到来，我国的职业教育信息服务技术在不断与时俱进，跟着时代的步伐发展。如今，职业教育已经建立起了全国信息网络，方便全国各地职业教育工作者之间进行交流与合作。各省市也在逐步建立本省的职业教育信息网络，方便相互分享资料和学习。通过构建国家或区域内的职教信息网来指导和支撑不同层次的职教活动，为职教活动的制定和实施起到积极的作用。如美国的"国家教育统计中心"及"教育资源情报中心"的建立，成为世界上最大的教育信息情报系统。

## 三、职业教育产教融合发展的政府失灵与市场协调

现代经济理论和教育理论都认识到，虽然社会市场对职业教育的资源配置有不可替代的作用，但是也呈现出作用的局限性，有不可忽视的不足之处。这就是上一节中所说的职业教育发展过程中的"市场失灵"现象。要克服市场失灵所带来的弱点和不足，就意味着需要某种组织通过某种形式去干预职业教育市场，即需要政府运用宏观政策和手段调节职业教育市场。

然而，在真实生活中，政府行政职能本身也是存在一定问题的，对调节市场的指导性的作用具有局限性。

### （一）完全政府协调下的政府失灵及其表现

政府失灵，指的是政府对职业教育发展的干预过度或干预不足。关于政府调节作用的失灵，现存多种解释，主要表现在下列四个方面：

第一，政府信息的不完全性。政府想要全面收集复杂的市场信息具有很高的难度。同时，各类型的劳动力市场对技术技能人才的要求也是在不断变化和升级的。政府在考量某些职业教育的决策前，尚未充分掌握社会市场经济变更的信息和职业教育劳动力市场的人才信息。因此，这些决策往往容易脱离职业教育的现实需要。

第二，政府利益取向与教育公益的不一致性。国家在对高职院校进行协调时，不能仅着眼于短期的经济利益，更要着眼于高职院校的"育"性，着眼于职业院校的长远发展。但事实上，存在有些政府注重业绩，对职业教育的管理约束多，使得职业院校自主办学的能动性不够。

第三，政府系统效率性有待增强。准确衡量教育的外部效益具有很高的难度，而各种行政力量往往能有效地推动政府部门各系统的合理运行，公共部门的市场竞争力不突出。所以，政府在管理职业教育产教融合的发展过程中，常常陷入两难的境地，一方面，很难实现职业教育发展过程中的需求，导致职业教育内部发展困难；另一方面，政府难以解决职业教育面临的外在挑战与威胁，让职业教育发展受限。这种情况下，政府解决问题的能力与教育者和受教育者的期望存在差异，导致容易产生政府部门给人们留下办事效率低下的印象。

第四，政府决策需更精准。政府在协调职业教育产教融合的过程中存在不少困难与未知的风险，需要政府及时察觉并妥善解决。若是政府不能很好地把握政策干预的合适时机、干预形式和执行力度，或者难以做到客观公正的监督与评估，就很难克服市场失灵，随之出现政府随意干预市场的问题，导致职业教育的发展出现不稳定的情况，阻碍职业教育产教融合的开展进程。

### （二）市场协调及其可行性

市场经济通过价值规律和供求关系的变化，在自由竞争中，优化资源配置，以获得最大的效益。职业教育的投资效益巨大，对整个社会的发展具有不可磨灭的作用。在当今的社会条件影响下，职业教育产教融合容易被目前的市场制约。职业教育产教融合会在无形中受到市场经济的影响。

"市场调控"是指以"供给""价格""竞争""风险"等诸多因素为基础，通过这些因素，对其进行调控的过程。其实，将市场机制引入职业院校教学中来，对于学校教学而言，既十分有意义，也切实可行。在面向市场的发展中，通过运用劳动力市场供需关系的改变，对各宏观方面的教育行为进行调整和约束，积极地与市场经济体系相结合，勇敢地引入市场机制，通过市场来激活其内在的活力，从而推动其与市场经济的和谐发展。市场协调对于职业教育的作用表现在以下几方面：

一是可以使职业院校的教学资源得到有效的分配。在当前的时代背景下，每一所职业院校都要懂得如何将所有的资源进行有效地组合，遵循市场经济的规则来进行教学，将具有潜力的企业和社会资源进行挖掘，展现出自己的教学水平，逐渐提高自己的教学质量，并逐渐提高自己的市场竞争能力，将自己的优势和长处都发挥出来，将所有的教学资源都有效地利用起来，这样既能达到培养人才的目的，又能为企业提高经济效益提供人才保障。

二是有利于促进职业院校的供需均衡。每个职业院校均有专业群，有自己的重点专业，为某行业或某领域提供人才。职业院校每年进行市场调研，并根据市场需要调整学校的专业或修订人才培养方案，及时地对自己的专业设置和课程结构做出调整。这样，就可以对各个职业学校的专业设置、人才培养目标的设定等产生直接的作用，在对此进行探索和调整的过程中，最后将会让各类人才在供需方面逐渐达到一个均衡和稳定的状态。

三是对提高职业技术教育质量具有积极意义。随着社会主义市场经济体制的不断完善与发展，高等职业技术教育也从"卖方市场"走向了"买方市场"。因此，各职业院校应意识到人才的短缺，提高自身的教学质量，增加学生的就业能力。

**（三）市场协调的主要内容、方式与手段**

市场协调职业教育发展的主要内容有以下几点：

第一，人才供求的调节。人才供求包括人才的供给与需求。各个职业院校和劳动者个人是劳动力市场供给方的主要组成部分，社会上的用人单位则是人才的需要方。各企业评估自身发展所需的人才规格和各项条件，确定员工的招聘数量与招聘条件，各大职业院校参考企业和社会所需的人才要求，对学生进行针对性培养，了解自己培养的毕业生需求趋势，制定本校毕业生的就业方向，以便及时调整学校未来发展的决策。

第二，利益导向的调节。职业院校是以"育才"为主，以"培育技术技能"为主，同时也是一种"社会福利"；职业院校还进行了某种生产性的管理，因此，需对其进行了某种程度的经济管理。这就要求职业院校要不断地提升自己的教育质量，从而更好地满足社会发展的需求。

第三，调整人员体系。职业技术学院的教师团队的质量直接关系到职业技术学院的成败和发展。引入市场竞争，实施竞争岗位、适者生存的任用机制，为学校带来了新的机遇。对于老师而言，可以依据自己的特长、兴趣等，进行自主的工作，这样可以激发老师的工作热情，发挥老师的工作潜能。对于职业教育院校而言，要想选拔出更优秀、更适合自己的老师，还要想办法将优秀的老师都招揽过来，并且将优秀的老师们都留下来，那么，就必须持续地在自己的组织中开展各种人事体制的变革，注重老师们的需求，提高他们在高职的工资和职业的幸福指数。

在我国职业院校的发展过程中，采取了市场化调节的方法和途径。

第一，通过竞争手段实现调节。市场经济是一种公正、透明、公开的竞争机制，确保所有人都能平等参与。在职业学院中引入市场竞争的概念，可以促使学院优化其管理机制，以适应劳动力市场的需求。这进一步激发了师生的工作热情，提高了教学品质，塑造了学院的品牌形象，对教学工作起到了积极的助推作用。

第二，运用价格手段进行调节。价格使工作时间成为衡量生产要素的公共标准。作为各类专业技术人员的教育和培训机构，职业院校在开展各类专业技术人员培训时，不仅要注重培训效益，还要兼顾费用的计算，力求以最少的投入取得最大的效果。因此，各职业院校需不断加强学校的管理制度建设，建立和完善各项财务制度。引入价格手段后，政府、企业和个人将根据价格规律，按照市场等价交换的原则，各自承担相应的费用。

第三，利用经济杠杆进行调节。在职业院校中，不应采取"平等"的方式进行利益分配，而应按照"按劳分配"的原则进行。对于学生，需要给予适当的补贴和奖励，以培养他们独立自主的个性。对于教师，薪资分配应基于工作绩效，调整绩效薪资分配办法，从而提高教师的工作积极性。对于合伙经营的经营单位等，应实施共建共享的经营方式。

通过市场化调节的方法和途径，职业院校能够更好地适应社会需求，提高教学质量，并激发师生的积极性。这些方法为职业院校的可持续发展提供了支持。

### （四）市场协调还是政府协调

职业教育产教融合面临的突出矛盾是政府协调为主还是市场协调为主。一方面，如果职业教育产教融合的发展单纯依赖市场进行协调，会导致职业教育需求得不到满足，造成教育机会不均等等问题，这说明单靠市场调控产教融合是不合理的。另一方面，政府介入职业教育产教融合的调控后，政府难以及时准确全面地把握劳动力市场的变化，容易脱离市场的需求，对职业教育高质量发展不利，继而出现职业教育质量低下、人岗不匹配等问题。市场通过隐性、自发的形式协调职业教育产教融合，而政府则是通过显性、强制的方式协调职业教育产教融合。这两种方式各有利弊，缺一不可，相互补充。因此，职业教育产教融合想要得到可持续的发展，必须让市场和政府合理地发挥作用，以促进职业教育产教融合快速、高效运行，为构建技能型社会奠定基础。

在市场经济中，人们通过市场进行交易，并通过充分竞争实现交易。然而，职业院校的"产教融合"在市场的自然调节下并不总是有效，甚至可能导致调节不平衡，降低市场调节的有效性。因此，在调控职业院校产教融合过程中，政府必须参与其中，在市场调节机制失灵时才能控制整体局势，减少不必要的损失，对职业教育产教融合的发展起到积极作用。然而，政府在职业教育产教融合管理中也存在疏忽的情况。因此，职业教育产教融合的有序发展需要在不完善的市场和政府以及二者之间不完全完善的组合中进行选择。

职业教育产教融合在不断发展和完善的过程中，各主体不仅要关注市场调节职业教育存在的缺陷，也要注意到政府宏观调控的不足之处，辩证看待市场调节和政府调控的优点和缺点。职业教育产教融合的发展是十分复杂的，绝不是某一方的努力就能做到的，需要多方共同努力，目标一致才有可能取得令人满意的效果。同时，我们也应该意识到职业教育产教融合在发展的过程中，如何在市场和政府之间做出恰当的选择，这是一个非常重大的问题。我们认为，职业教育产教融合的发展遇到的问题，应分情况解决。对于市场自发调节能解决的问题，政府不应过多干涉，当市场协调解决不了的时候，政府再进行合理把控。政府应在市场调节的基础上发挥其应尽的作用，根据职业教育产教融合发展的不同阶段和时期，实行市场协调与政府协调的动态统一。

# 第三章 职业教育产教融合的政策分析

## 第一节 职业教育产教融合的政策要素分析

1973年，史密斯提出政策执行过程中必然会涉及的四个要素：政策本身、执行主体、目标群体、执行环境，后被称为史密斯政策执行过程模型（见图3-1）[①]。是指在理想化的政策指导下，政策执行主体、政策执行目标群体在政策执行环境中相互作用、互相影响，最终将结果反馈给政策制定过程的动态过程。

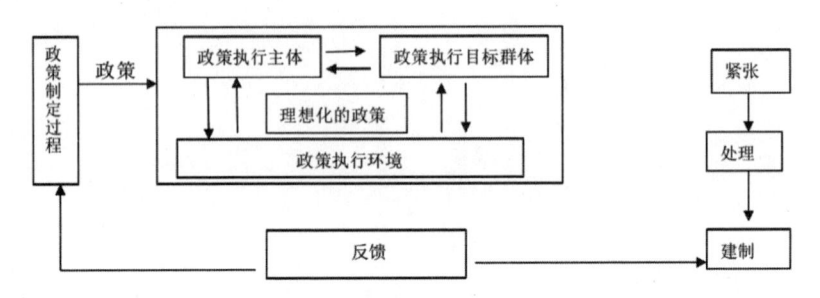

图3-1 史密斯政策执行过程图

政策的顺利执行需要四个因素相互配合，才能达到预期的目标。首先，政策本身必须具备明晰度、可操作性和针对性。政策内容的完整度在一定程度上就决定了政策执行成效。其次，政策执行主体要发挥组织者、实施者和指导者的作用，政策执行主体的认知理解能力、组织管理能力、调查研究能力、业务能力等都影响政策执行的效果。再次，政策目标群体对政策的了解程度、群体的差异性以及参与政策执行的积极性都影响政策执行的效果。

---

① 陈振明. 政策科学公共政策分析导论[M]. 北京：中国人民大学出版社，2003：85.

最后，政策执行环境是政策执行主体运用多种政策资源相互作用、相互协调的场所，社会、政治、经济、文化环境都对政策执行产生直接影响。政策执行过程是一个错综复杂、纵横交错、互相影响的过程，是政策本身、执行主体、目标群体和执行环境四个因素相互作用、相互协调的过程。

## 一、当前职业教育产教融合政策文本内容

### （一）国家层面产教融合政策文本内容

进入新世纪，我国出台了许多职业教育产教融合的政策和实施意见。《关于深化教育领域综合改革的意见》（教改〔2013〕1号）强调要充分认识职业教育深化改革的紧迫性，完善职业教育制度及人才培养模式，提出要建立合理的产教融合制度。《关于加快发展现代职业教育的决定》（国发〔2014〕19号）提出要实现普职融通、产教深度融合，再次明确了产教融合的地位，培养一大批中高级技术技能型人才。《关于深化人才发展体制机制改革的意见》提出建立产教融合人才培养模式，打通人才培养渠道，健全职业教育人才培养体系。《关于深化产教融合的若干意见》（国办发〔2017〕95号）成为我国第一个专项产教融合政策文件。该政策规划未来10年产教融合的目标，实现产教深度融合。此后，我国职业教育开始进入了一个新时期。

目前，我国产教融合政策已经逐渐向更深、更细、更广方向发展，通过培育产教融合型企业、发展产教融合行业、建成产教融合城市等实现产教深度融合。《国家职业教育改革实施方案》（国发〔2019〕4号）提出要建立产教融合型企业认证制度。随之10月发布的《国家产教融合建设试点实施方案》（发改社会〔2019〕1558号）提出要建设50个左右产教融合型城市。目前，国家正在不断完善产教融合政策，加大对产教融合工作的指导与实施，健全职业教育产教融合人才培育体系。同时，产教融合政策的范畴不断扩大，从职业教育向高等教育发展、从企业到城市扩充、从国内向国际"一带一路"协同推进。

### （二）地方层面产教融合政策文本内容

本研究中地方上的产教融合政策是以湖南省为例，特指湖南省政府部

门发布的产教融合政策文本。这些政策文件主要是细化了国家出台的产教融合政策，规定了湖南省的职业院校和企业参与产教融合过程中的工作内容，提出更细致、全面的实施意见。

湖南省《关于深入推进企业与职业院校合作办学的若干意见》（湘政办发〔2012〕45号）强调突出企业的主体地位，加强校企合作办学的统筹管理等。《湖南省职业学校校企合作促进办法》（湘教发〔2018〕32号）提出了湖南省的职业学校和企业要协同育人、共建共享，实现校企双向衔接。《关于深化产教融合的实施意见》（湘政办发〔2018〕82号）提出29条具体措施，强调行业企业和职业学校要发挥主体作用，实现产教供需双向对接，不断深化产教融合。《湖南省职业教育改革实施方案》（湘政发〔2020〕2号）强调要开展产教融合型城市试点。《关于整省推进职业教育现代化服务"三高四新"战略的意见》（湘政发〔2021〕5号）提出要深化职业教育产教融合，从而建立产教融合型城市。在国家政策的引导下，湖南省的产教融合政策提出具体可行的指导措施和保障措施，致力于建成产教融合型城市，为"一带一部""三高四新"提供技术技能人才支撑。

## 二、当前职业教育产教融合政策执行主体

产教融合政策执行主体的政策了解程度、执行意愿、执行方式、执行力度及执行能力等都对政策执行效果产生一定的影响。产教融合政策执行主体多样，多个政府部门、行业企业、职业院校统筹参与产教融合政策执行。

首先，国家政府部门分工较细，国家层面有教育部、国家发展改革委、人力资源社会保障部负责构建产教融合发展新格局，全面推进产教融合人才培养改革，建立产教融合协调机制和监督机制，从而促进产教双向对接；财政部、自然资源部、人民银行等部门负责完善产教融合政策支持体系，为校企参与产教融合政策执行提供支持和保障；地方层面主要是由国家政府部门的下级部门负责产教融合政策执行，发挥政府效力。各个部门根据职责分工，分别负责对职业院校和企业产教融合工作进行有效指导。县级以上政府部门在各自区域内制定有地方特色的产教融合政策或实施意见，从而满足地方经济及产业结构转型升级的需要。同时，会同其他

部门相互协调各自职责，共同实现本地产教深度融合。

其次，各类大中小企业必须发挥参与职业教育人才培养的主体作用，通过资本、技术、知识、设施、设备和管理等方式参与产教融合，全面推进产教融合人才培养深化改革。行业协会则负责上下协调和系统指导本行业的产教融合。

最后，中高等职业院校也要积极参与产教融合政策执行，根据学校的专业特色和社会发展需要，主动对接企业进行学科专业结构调整，校企共同负责课程与教学改革、共建教材体系，培育现代化、高水平的创新型人才。

### 三、当前职业教育产教融合政策执行的目标群体

产教融合政策执行与其他政策不同之处在于有多个目标群体，企业、职业院校的教师和学生都是政策执行直接作用的对象。企业、职业院校教师和学生的参与度和接受度都会对产教融合政策执行形成深刻的影响。首先，职业院校教师对产教融合政策的认可度会直接影响产教融合政策执行的效果和质量。如职业院校教师对产教融合政策的接纳度低、不认可，那么职业院校的教师就不会在政策执行中采取积极行动，容易造成政策执行偏差。其次，职业院校学生作为产教融合政策执行最终的直接作用对象和受益群体，如若职业院校的学生不认同产教融合政策本身的价值观，那么在政策执行中就会出现抵抗情绪，最终使得产教融合政策执行效果不佳，浪费大量时间和精力。最后，企业是产教融合政策执行的重要主体，需要为职业院校提供资金、设备、场地以及人才援助，要积极配合职业院校实现产教深度融合，使得企业和职业院校互惠共赢。

### 四、当前职业教育产教融合政策执行环境

当前职业教育产教融合政策执行环境主要包括政治、经济、社会、文化四大环境。优良的环境对于政策的顺利执行起着至关重要的作用。

#### （一）政治环境

习近平总书记强调要加快发展职业教育，完善职业教育体系，全面提

高职业院校人才培养质量。新时代赋予职业教育新的使命和责任，我们要建成教育强国就必须优先发展职业教育，培养更多高素质、高水平的创新型人才和工匠型人才。2017年以来，国家出台了一系列产教融合政策，对产教融合的重视程度大大加深。同时，随着党的十九大和全国职业教育大会的召开，国家逐渐完善职业教育产教融合政策体系，为实现"两个一百年"奋斗目标而努力。《关于深化产教融合的若干意见》《国家职业教育改革实施方案》《建设产教融合型企业实施办法》等都要求不断深化产教融合，推进职业教育高质量发展。

（二）社会环境

随着产教融合政策的不断出台，愿意参与产教融合政策执行的企业和职业院校越来越多，申报产教融合型企业已成为企业发展战略目标的关键。截至2020年底，全国已有21个城市申报国家产教融合型城市，90%以上的职业院校、70%左右的中职学校以及3万家企业都参与到产教融合政策执行。以湖南省为例，2020年《湖南省高等职业教育质量年度报告》中提到，湖南对接产业园区累计建设职教城5个，入城院校23所，园内企业5000家，首批省级产教融合型企业有46家。目前，产教融合工作已取得明显成效，企业参与产教融合的途径逐渐拓宽。

（三）经济环境

目前，我国在职业教育的经费投入明显增加、投入比例呈总体上升趋势。应借助产教融合人才培养模式，培养大量高端技能型人才以满足经济转型需要，促进产教人才供需结构型改革。根据区域功能和行业特点，探索差异化发展职业教育方式。

（四）文化环境

在文化环境方面，社会对职业教育的认可度越来越高，社会观念逐渐转变，越来越多的家长愿意将小孩送到职业院校学习一门专业技能。2019年，李克强总理在政府工作报告中提到高职院校要扩招100万，鼓励更多应届高中毕业生和退役军人、下岗职工、农民工等报考职业院校，进一步改革完善职业教育制度体系，加快教育结构优化和高等教育普及化进程。在之后的两年里，职业教育超额完成百万扩招的任务，高职扩招200万人。同时，各大中小企业也愿意参与产教融合政策执行，参与职业院校教学改革和实习实训等方面，积极承担共同培育新时代高素质创新型技术技能型人才。

## 第二节 职业教育产教融合的政策现状分析

### 一、职业教育产教融合的政策认知

调研发现，当前产教融合还存在一些突出问题，教育发展与产业发展的连接点还比较模糊，企业需求和教育需求的对接尚存较大距离，产教融合、校企合作还停留在较浅层次。

#### （一）企业对产教融合政策执行的认知分析

如图3-2所示，调查中认为对国家、省、市颁布的产教融合相关政策信息有"比较了解"的企业占41.67%，"不太了解"的企业占30%，"完全不了解"和"非常了解"的企业各占8.33%。调查发现，有三分之一的企业对产教融合政策信息不了解，主要是基层员工对政策信息了解较少。

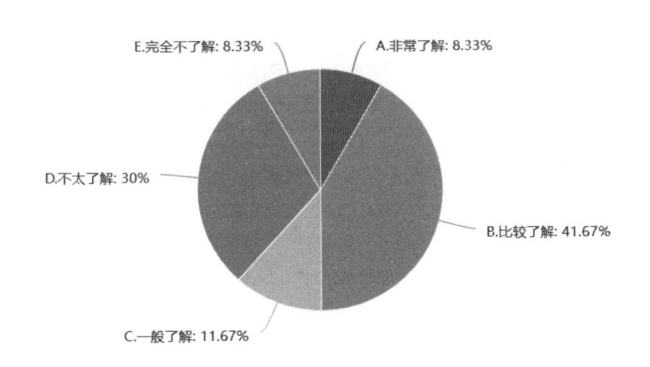

图3-2 企业员工对产教融合政策信息的了解程度

同时，通过交叉分析了解（见表3-1），企业员工对产教融合政策的了解程度与岗位工作有显著相关性，75%的企业管理人员、79.5%的技术工人和63.64%的办公室文员更加了解国家、省、市颁布的产教融合相关政策信息，对产教融合政策认可度更高，而基层工人中仅有37.5%初步了解产教融合政策信息。

表3-1　是否了解产教融合政策信息岗位工作交叉表

| 问题 | 选项 | 完全不了解 | 不太了解 | 一般 | 比较了解 | 非常了解 | 合计 | $X^2$ | P |
|---|---|---|---|---|---|---|---|---|---|
| 岗位工作 | 管理人员 | 2 | 6 | 6 | 14 | 4 | 32 | 13.417 | 0.043 |
| | 技术人员 | 2 | 7 | 9 | 24 | 2 | 44 | | |
| | 办公室文员 | 2 | 6 | 2 | 10 | 2 | 22 | | |
| | 基层工人 | 2 | 8 | 4 | 2 | 0 | 16 | | |
| | 其他 | 2 | 2 | 0 | 2 | 0 | 6 | | |
| 合计 | | | | | | | 120 | | |

调查产教融合政策对指导具体实际工作是否充足中发现（见表3-2），8.33%的企业认为非常充足，16.67%的企业认为比较充足，8.33%的企业则认为一般，帮助作用不大，另外，还有41.67%的企业认为不太充足以及25%的企业认为完全不足，并未有指导作用。调查数据表明，大部分企业认为产教融合政策对指导产教融合的实际工作作用不大，准备不太充足，未能更好实现产教深度融合。

表3-2　产教融合的指导作用和是否申报产教融合型企业

| 问题 | 选项 | 频数 | 百分比 |
|---|---|---|---|
| 产教融合政策对指导企业实际人才培养工作的充足程度 | 非常充足 | 10 | 8.33% |
| | 比较充足 | 20 | 16.67% |
| | 一般 | 10 | 8.33% |
| | 不太充足 | 50 | 41.67% |
| | 完全不充足 | 30 | 25% |
| 合计 | | 120 | 100% |

如表3-3所示，被调查的企业中有61.67%计划申报2023年湖南省产教融合型企业或已经申报产教融合型企业。目前随着国家和地方出台许多产教融合政策文件以及企业对技能应用型人才的迫切需求，大部分企业愿意尝

试申请产教融合型企业,希望和职业院校共建实习实训基地,实现产教双向对接,促使产教深度融合。

表3-3 产教融合的指导作用和是否申报产教融合型企业

| 问题 | 选项 | 频数 | 百分比 |
| --- | --- | --- | --- |
| 是否申报产教融合型企业 | 是 | 74 | 61.67% |
|  | 否 | 46 | 38.33% |
| 合计 |  | 120 | 100% |

通过spss23.0卡方分析(见表3-4),P<0.01说明企业是否愿意申报产教融合型企业与产业分类、企业规模有显著性差异。相比较而言,第二产业的企业更愿意申报产教融合型企业,其中以制造业、工程机械行业意愿较高。在参与产教融合政策执行的企业中,规模在500~1000人和1000人以上的企业更愿意申报产教融合型企业,100人以下的小公司基本不考虑申报。

表3-4 是否申报产教融合型企业*产业分类*企业规模交叉表

| 问题 | 选项 | 是否申报产教融合型企业 是 | 是否申报产教融合型企业 否 | 合计 | $X^2$ | P |
| --- | --- | --- | --- | --- | --- | --- |
| 产业分类 | 第一产业 | 4(28.57) | 10(71.43) | 14 | 12.810 | 0.002 |
|  | 第二产业 | 68(73.91) | 24(26.09) | 92 |  |  |
|  | 第三产业 | 2(14.29) | 12(85.71) | 14 |  |  |
| 企业规模 | 100人以下 | 2(14.29) | 12(85.71) | 14 | 13.607 | 0.003 |
|  | 100~500人 | 4(33.33) | 8(66.67) | 12 |  |  |
|  | 500~1000人 | 50(80.65) | 12(19.35) | 62 |  |  |
|  | 1000人以上 | 18(56.25) | 14(43.75) | 32 |  |  |
| 合计 |  |  |  | 120 |  |  |

**(二)职业院校对产教融合政策执行的认知分析**

如图3-3所示,职业院校教师对国家、省、市颁布的产教融合相关政策信息大部分是比较了解(37.14%)和一般了解(34.29%),只有少数教师不了解具体的产教融合政策内容。其中不太了解产教融合政策信息的教师,主要来源于学校外聘的普通教师(非双师型教师)。可知,大部分职业院校的教师对于产教融合政策了解较多,主要在于对产教融合政策执行的重视，希望能够与企业建立良好沟通机制，共商共建人才培养模式，从而促使职业院校能够培养一大批德才兼备的应用型人才，满足新时代社会主义飞速发展的需要。

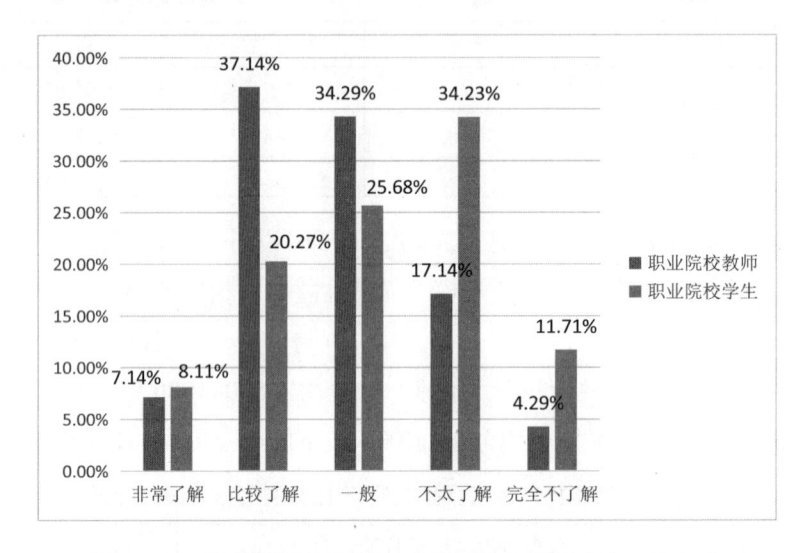

图3-3 职业院校教师和学生对产教融合政策内容了解程度

另外，在调查职业院校教师认为产教融合政策在指导实际工作是否充足时（见表3-5），30%的教师表示非常充足，24.29%的教师表示比较充足，11.43%的教师表示一般，而21.43%的教师表示不太充足，12.85%的教师表示完全不充足。三分之一的职业院校教师表示产教融合政策对指导具体工作不太充足，主要表现在政策内容不具体、缺乏具体的指导措施等。

表3-5 产教融合政策对指导职业院校实际人才培养工作的充足程度

| 问题 | 选项 | 频数 | 百分比 |
| --- | --- | --- | --- |
| 产教融合政策对指导职业院校实际人才培养工作的充足程度 | 非常充足 | 10 | 30% |
|  | 比较充足 | 20 | 24.29% |
|  | 一般 | 10 | 11.43% |
|  | 不太充足 | 50 | 21.43% |
|  | 完全不充足 | 30 | 12.85% |
| 合计 |  | 140 | 100% |

在职业院校学生关于产教融合政策内容的了解程度上（见图3-3），了解和不了解的学生数量大体相当，但仅有少部分学生非常了解产教融合政

策信息，大部分学生对产教融合政策信息的了解还不够深入。同时，学生之间的差异性较大，相对于大三的同学而言，大一、大二的同学更加不了解产教融合政策内容，主要是因为大一学生刚入学，对学校生活、学习、交友等方面还处在探索期，还在努力适应大学校园生活；大二的学生已经逐渐适应了自主学习的学习环境，但平时理论课居多及课业繁重，大部分学生也很少会关注职业教育热点话题及生产性实习实训。通过访谈发现，学生对于产教融合政策信息还不够了解，也不全面。如："我只在学校官网看到过产教融合政策文本，但对产教融合政策内容并不了解，不清楚产教融合政策是做什么的。"（访谈编号：20210625S-01）"我在企业实习的时候听说过产教融合，我觉得产教融合就是校企合作，学校和企业共同培养学生的理论知识和实践技能，主要是为了增强岗位适应能力和技术操作水平。"（访谈编号：20210625S-02）

通过比较企业和职业院校在产教融合的政策认知上，发现企业的认知程度明显低于职业院校。其中企业中管理人员、技术工人和办公室文员的认知程度明显高于普通员工。而职业院校只有少部分教师和学生不太了解产教融合政策执行情况。

## 二、职业教育产教融合政策的执行意愿

### （一）企业参与产教融合政策执行的主体意愿

调查企业参与产教融合政策执行意愿中发现（见图3-4），26.67%的企业表示非常愿意、38.33%的企业表示比较愿意、20%的企业表示一般，仅有15%的企业不太愿意参与产教融合政策执行。在明确表示愿意参与产教融合政策执行的企业中，有96.67%的制造业、85.72%的建筑行业和80%的信息传输、信息技术服务业，这三个行业的企业参与产教融合政策执行意愿更高。

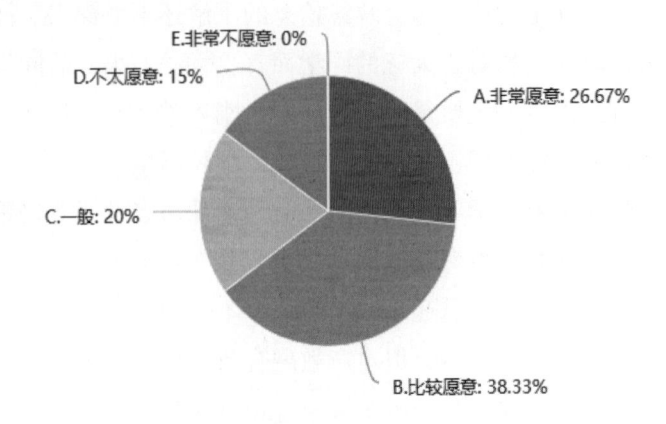

E.非常不愿意: 0%
D.不太愿意: 15%
A.非常愿意: 26.67%
C.一般: 20%
B.比较愿意: 38.33%

**图3-4 企业对产教融合政策执行的参与意愿程度**

如表3-6所示，在校企合作过程中，40%的企业积极主动寻求职业院校合作，28.33%的企业等待政府牵线对接，26.67%企业等待职业院校主动联系进行合作。调查数据表明，愿意积极主动联系职业院校参与产教融合政策执行的企业比较少，大部分企业都是在等待政府和职业院校主动寻求。同时，在这些调查企业参与产教融合政策过程中（见表3-6），企业的积极性也相差较大，41.67%企业比较积极，25%的企业一般积极、20%的企业十分积极，但仍有部分企业（3.33%）对参与产教融合政策执行不太积极甚至认为可有可无。

**表3-6 企业参与产教融合政策执行中的主动性和积极性**

| 问题 | 选项 | 频数 | 百分比 |
| --- | --- | --- | --- |
| 企业参与产教融合政策执行中的主动性 | 企业积极主动 | 48 | 40% |
|  | 等待政府牵线对接 | 34 | 28.33% |
|  | 职业院校主动联系 | 32 | 26.67% |
|  | 其他 | 6 | 5% |
| 企业参与产教融合政策执行中的积极性 | 十分积极 | 24 | 20% |
|  | 比较积极 | 50 | 41.67% |
|  | 一般 | 30 | 25% |
|  | 不太积极 | 12 | 10% |
|  | 可有可无 | 4 | 3.33% |

如表3-7所示，通过SPSS23.0进行相关分析，P<0.05，说明在校企合作的过程中，企业在对于参加产教融合政策执行的态度与企业参与产教融合政策执行的积极性相关性显著。积极寻求职业院校合作的企业大部分都是十分积极或比较积极，政府主动牵线的企业基本上保持中立或不太积极，而被职业院校主动联系的企业基本都是完全不积极，认为产教融合政策执行可有可无，作用不大。

表3-7 企业和职业院校合作态度与积极性的相关性分析

| 相关性 | | 9.在校企合作过程中，贵公司的态度（ ） | 10.在推进产教融合政策执行过程中，你所在企业的积极性（ ） |
|---|---|---|---|
| 9.在校企合作过程中，贵公司的态度（ ） | 皮尔逊相关性 | 1 | -.280* |
| | 显著性（双尾） | | .031 |
| | 个案数 | 60 | 60 |
| 10.在推进产教融合政策执行过程中，你所在企业的积极性（ ） | 皮尔逊相关性 | -.280* | 1 |
| | 显著性（双尾） | .031 | |
| | 个案数 | 60 | 60 |
| *. 在0.05级别（双尾），相关性显著。 | | | |

### （二）职业院校参与产教融合政策执行的主体意愿

如图3-5所示，职业院校教师总体上都是支持企业和职业院校参与产教融合政策执行，其中"非常支持"占54.29%、"比较支持"占40%，仅有2人（1.43%）"完全不支持"，都是来自兼职教师。可知，职业院校的在职教师参与产教融合政策执行意愿较高，基本都支持产教融合工作。

如图3-5所示，职业院校学生绝大部分都是支持产教融合政策执行，其中43.69%"保持中立"，25.68%"非常支持"、26.58%"比较支持"，仅有2.7%"不支持"和1.35%"完全不支持"。不支持的学生主要来源于大一的医药与卫生学院，这部分学生主要缘于对政策内容的不了解甚至不认同，从而参与产教融合政策执行的积极性较差。

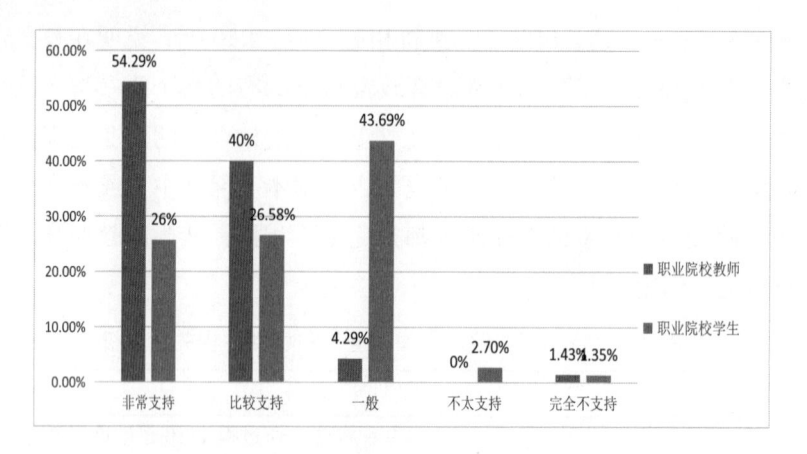

**图3-5 职业院校教师和学生对产教融合政策执行的参与意愿程度**

总之,在参与产教融合政策执行的主观意愿上,企业的参与意愿明显低于职业院校。其中制造业、建筑行业和信息技术服务业的参与意愿明显高于其他类型企业。而职业院校的教师大都愿意参与产教融合政策执行,仅有部分外聘兼职教师不太支持。职业院校的学生也只有少数几个不太支持产教融合政策,主要缘于对产教融合政策认知程度低,还没有参与到产教融合政策执行。

## 三、职业教育产教融合政策的执行力度

### (一)企业参与产教融合政策的执行力度

1. 企业对产教融合政策执行的宣传力度

如图3-6所示,企业对产教融合政策的宣传力度中表明,8.33%的企业大力宣传、20%的企业进行较大宣传、11.67%的企业一般性宣传、40%的企业都不太宣传以及20%的企业完全不宣传产教融合政策。结合访谈内容发现,大部分企业不注重对产教融合政策的宣传,仅有少数几个职能部门了解政策内容,如人力资源部、校企合作部等。同时,企业宣传产教融合政策渠道基本是"两微一端"(微博、微信、移动客户端),宣传渠道单一。如:"企业完全没有宣传产教融合政策内容,一般只有人力资源部才了解这方面的信息,我们技术部和研发部不了解产教融合政策内容和执行

## 第三章 职业教育产教融合的政策分析

续表

成效如何。"（访谈编号：20210708C.-02）"企业只有在微信公众号宣传过产教融合政策执行的现状，如与几个职业院校达成合作、共建实训基地以及接受学生实习实训等，但我们对产教融合政策还是一知半解。"（访谈编号：20210708C.-03）

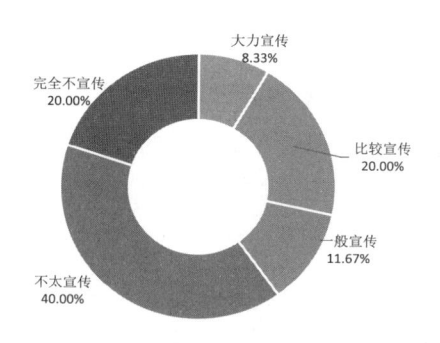

**图3-6 企业对产教融合政策执行的宣传程度**

2. 企业对产教融合政策执行的资源投入力度

通过分析调查数据（表3-8），发现企业参与产教融合政策执行的经费投入占比最多的在10~30万（35%），其次是在30~50万（30%）、10万以下（21.67%），经费投入在50万以上（13.33%）的企业最少。其中规模在1000人以上的企业投资额较多，基本在30~50万以及50万以上。目前企业参与产教融合政策执行的投入额度总体在10~50万，主要来源于1000人以上的国有企业，这些企业以第二产业中的制造业、建筑行业和工程机械行业为主。另外，企业参与职业教育产教融合政策执行的经费投入方式主要集中在办学经费投资、基础设施建设以及人才培训上，大部分企业同时参与多个投资方式。

**表3-8 企业参与产教融合政策执行的投入额度和投入方式**

| 问题 | 选项 | 频数 | 百分比 |
|---|---|---|---|
| 投入额度 | 10万以下 | 26 | 21.67% |
| | 10~30万 | 42 | 35% |
| | 30~50万 | 36 | 30% |
| | 50万以上 | 16 | 13.33% |

续表

| 问题 | 选项 | 频数 | 百分比 |
|---|---|---|---|
| 投入方式 | 办学经费投资 | 90 | 75% |
| | 实习基地建设及基本运行费用 | 84 | 70% |
| | 人才培训 | 74 | 61.67% |
| | 无形资产、资本使用权等 | 36 | 30% |
| 合计 | | 120 | 100% |

（二）职业院校参与产教融合政策执行的力度

1. 职业院校参与产教融合政策执行的宣传力度

如图3-7所示，职业院校教师总体上认为学校宣传产教融合相关政策力度较大，其中31.43%学校大力宣传，57.14%学校较大宣传，仅仅5.71%学校教师一般性和不太宣传，但没有一所学校完全不宣传产教融合政策。所以，职业院校对于产教融合政策执行的宣传力度较大，只有少数外聘教师或兼职教师不了解政策内容。

通过职业院校学生参与产教融合政策执行情况调查问卷发现（见图3-7），学生所在的学校对政策的宣传力度问题中，大部分学校都是对产教融合政策内容进行了较大宣传（45.05%）以及大力宣传（27.03%）。与职业院校教师问卷的不同是，19.82%的学生认为仅听说过产教融合政策，5.86%的学生认为学校不太宣传以及2.25%的学生认为完全不宣传产教融合政策内容。相比而言，学生更加不了解产教融合政策内容，了解产教融合政策内容渠道较少。

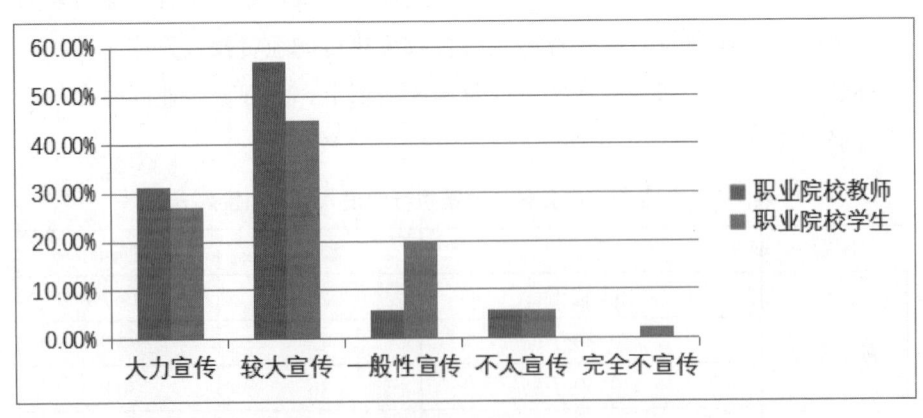

图3-7 职业院校教师和学生参与产教融合政策执行的宣传程度

2. 职业院校和企业共建产教融合项目次数

调查数据表明（见表3-9），大部分学校在校企参与共建产教融合相关项目的次数有5~10次，24.29%的职业院校的校企联合创建产教融合相关项目高达15次以上。仍有30%的职业院校参与产教融合项目次数在5次以下，但这些职业院校参与产教融合政策的态度都是比较支持，对政策内容也比较了解。通过访谈发现，主要原因有学校资金不足，学校位置比较偏导致合作企业机会少以及学校缺乏积极寻求企业合作的相关经验的教师。如"我们学校离市中心有一个半小时车程，很多企业都不愿意来我们学校参与投资办学，还有一部分企业来学校参观考察，之后也是没有下文，不了了之。"（访谈编号：20210626T-06）

表3-9　校企共建产教融合项目次数

| 问题 | 选项 | 频数 | 百分比 |
| --- | --- | --- | --- |
| 校企共建产教融合项目次数 | 0~5次 | 42 | 30% |
| | 5~10次 | 52 | 37.14% |
| | 10~15次 | 12 | 8.57% |
| | 15次以上 | 34 | 24.29% |
| 合计 | | 140 | 100% |

总体而言，在产教融合政策的执行力度上，企业的宣传力度不够，资源投入欠缺，投资方式单一。职业院校的宣传力度虽高于企业，但还是不够。校企共建产教融合项目次数较少，大都在10次以下。

## 四、职业教育产教融合政策的执行形式

### （一）企业参与产教融合政策执行的形式

企业参与产教融合政策执行形式多种多样，主要包括：参与学校专业建设、课程设置、实习实训；设立产业学院；共建生产性实习实训基地、教师顶岗实践基地；接受学生顶岗实习；组建产学研的孵化基地；建设技术创新平台；开展员工培训、技能鉴定、继续教育和在岗教育培训；开展订单制培养或现代学徒制；共建双师型队伍；组建产教融合集团或职教集

团等。调查数据表明（见图3-8），企业大多数同时采取多个参与形式，大部分以顶岗实习（56.67%）、合作建设实训基地（51.67%）、校企联合开展员工培训（53.33%）、企业参与专业建设与课程开发（51.67%）等形式为主，企业通过独立办学以及共建双师型队伍等参与形式较少。

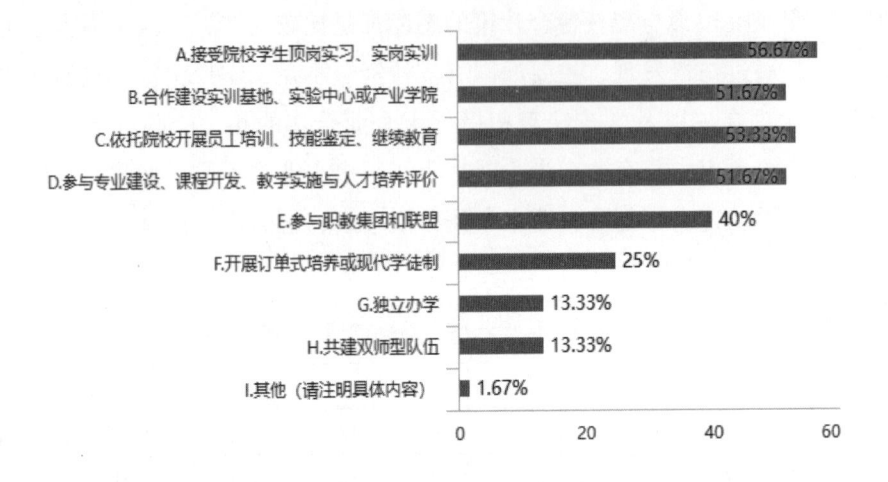

```
A.接受院校学生顶岗实习、实岗实训                    56.67%
B.合作建设实训基地、实验中心或产业学院              51.67%
C.依托院校开展员工培训、技能鉴定、继续教育          53.33%
D.参与专业建设、课程开发、教学实施与人才培养评价    51.67%
E.参与职教集团和联盟                                40%
F.开展订单式培养或现代学徒制                        25%
G.独立办学                                          13.33%
H.共建双师型队伍                                    13.33%
I.其他（请注明具体内容）                            1.67%
```

**图3-8　企业参与产教融合政策执行的形式**

### （二）职业院校参与产教融合政策执行的形式

校企主要开展合作形式有：共同参与人才培养方案的制定；校企的技术人员作为实训老师承担实践教学任务，并定期在学校面向学生和老师群体进行讲座；学校与企业共同开发出实训项目，共同对实践教学进行考核[①]；参与课程和教学及教材建设；开展订单制培养和现代学徒制；建设实习实训基地及技能鉴定等机构；共建质量评价标准；合作开展技能竞赛；共建职业教育集团以及校企教师相互兼职。调查发现（见图3-9），职业院校参与产教融合政策执行的形式主要有顶岗实习、校企共同参与专业建设和课程开发、合作建设实训基地或产业学院、共同开展继续教育、开展订单制培养或现代学徒制、共建双师型队伍以及建立职教集团等。同时，还有个别学校和企业共同研发产品等形式。另外，对职业院校教师进行访谈发现，部分学校根据学科专业特色开展产教融合，如："①与退役军人就

---

① 姜华斌，张新民. 高职软件人才培养模式的探索[J]. 现代大学教育，2006，（04）：94-96.

## 第三章 职业教育产教融合的政策分析

业创业促进会进行联合招聘；②与企业进行合作，在学校挑选一批优秀学生大二进入企业实习，有针对性地进行培养；③开创了企业班，选拔一批优秀学生进行专项培养，进入企业实践，毕业后就留在企业。"（访谈编号：20210625T-01）"联系企业进行顶岗实习；共同调整专业设置和课程体系；开展现代学徒制和订单制培养；职业院校教师在企业进行专业技能培训；企业根据学校人才培养需求安排技术和管理人员作为兼职教师。"（访谈编号：20210626T-05）

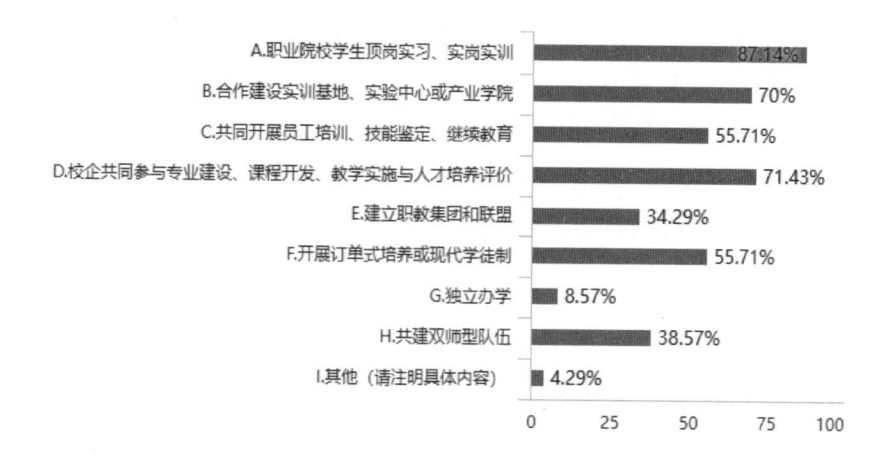

| 选项 | 百分比 |
| --- | --- |
| A.职业院校学生顶岗实习、实岗实训 | 87.14% |
| B.合作建设实训基地、实验中心或产业学院 | 70% |
| C.共同开展员工培训、技能鉴定、继续教育 | 55.71% |
| D.校企共同参与专业建设、课程开发、教学实施与人才培养评价 | 71.43% |
| E.建立职教集团和联盟 | 34.29% |
| F.开展订单式培养或现代学徒制 | 55.71% |
| G.独立办学 | 8.57% |
| H.共建双师型队伍 | 38.57% |
| I.其他（请注明具体内容） | 4.29% |

**图3-9 职业院校参与产教融合政策执行的形式**

如图3-10所示，职业院校在参与产教融合政策执行的过程中，教师认为企业在实施产教融合政策中的作用较大，其中很明显（24.29%）、比较明显（47.14%）、一般（21.43%）、不太明显（7.14%）。大部分学校认为在参与产教融合政策执行过程中发挥了主体作用，能够给予人才培养、师资培训等的支持和帮助。

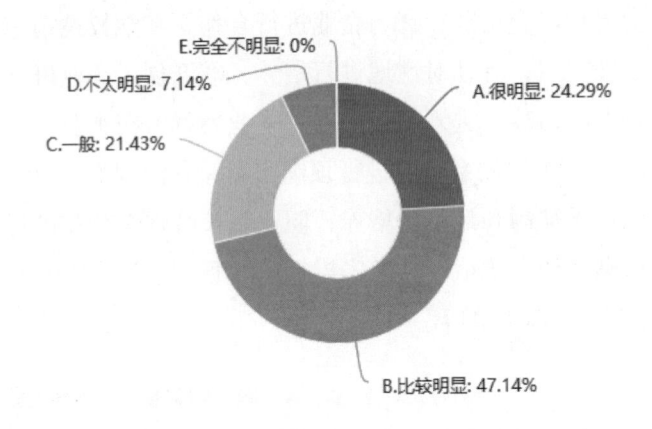

图3-10 职业院校参与产教融合政策执行的企业作用程度

总体来看，在产教融合政策执行的形式上，企业和职业院校参与产教融合政策执行的形式单一，主要集中在顶岗实习、合建实训基地和校企联合开展员工培训上。

## 五、职业教育产教融合政策的执行效果

### （一）企业参与产教融合政策执行的效果评价

1. 企业中负责产教融合政策执行的职能部门分工的清晰度评价

调查发现（见图3-11），企业中负责产教融合政策执行的职能部门主要有人力资源部、校企合作部等。通过调查企业中负责产教融合政策执行的部门职责及内部分工，6.67%的企业认为部门分工非常清晰，13.33%的企业认为部门分工比较清晰，16.67%的企业认为一般，而35%的企业认为不太清晰，甚至还有28.33%的企业认为负责产教融合政策执行的部门分工完全不清晰，职责不明确，从而造成产教融合政策执行效果不理想。大部分企业表示产教融合政策执行的部门职责及内部分工不够明确，未能很好地规划产教融合的职责范围及任务分工，在产教融合政策执行的具体实践中，经常出现职能混乱，权责不清等问题，从而使得企业参与产教融合政策执行的工作效率低。

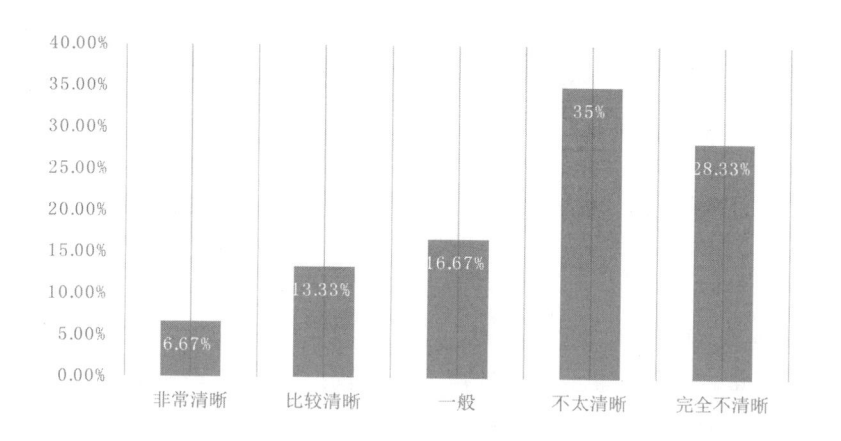

图3-11 企业中负责产教融合政策执行的职能部门分工的清晰度

2. 企业参与产教融合政策执行的质量评估体系评价

通过调查企业在产教融合政策执行中的质量评估体系是否完善中发现（见图3-12），10%的企业表示非常完善，18.33%的企业表示比较完善，11.67%的企业表示一般，而35%的企业表示不太完善，甚至25%的企业表示完全不完善，质量评估体系不全面。半数以上的企业认为产教融合政策执行中的质量评估体系不太完善，未能及时高效地对政策执行过程进行监测，评价政策执行效果也不够全面。

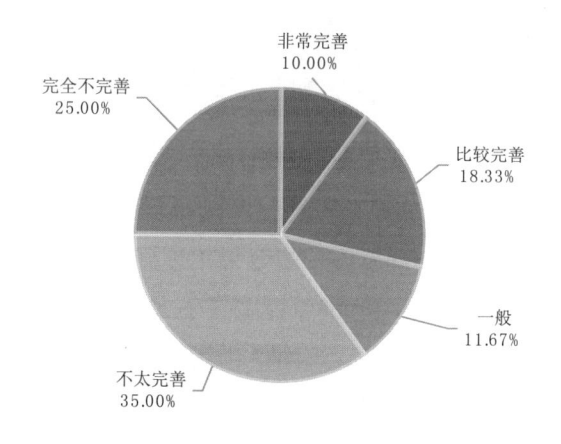

图3-12 企业参与产教融合政策执行的质量评估体系的完善程度

最后，企业对目前校政企共同参与产教融合政策执行的现状评价

（见图3-13），其中5%的企业认为校政企三方合作紧密，融合情况很好；48.33%的企业对产教融合政策执行效果基本满意，发展顺利。另外，33.33%的企业不太满意，认为政策执行过程推进缓慢，短时间难以看到成效；13.33%的企业很不满意产教融合实施效果，与预期相差较远。总之，产教融合政策执行效果满意与不满意大体相当，仍有一大半企业不满意产教融合政策执行效果，不满原因在于校企合作不够紧密导致人才培养成效慢，未能满足企业用人需求。如，"各部门协作整体尚可，但政策执行效果不太满意，企业和职业院校的审批流程较长，导致一些项目迟迟无法开展，错过一批学生的实习时间"。（访谈编号：20210708C-01）"协作方面大体上良好，但是产教融合政策执行不够紧密，政策推进较慢，效果不太理想。目前存在的问题是职业院校教师和毕业生顶岗实习热情不高，没有积极参与到实习过程，在企业实习期间只是走个过程。"（访谈编号：20210708C-03）

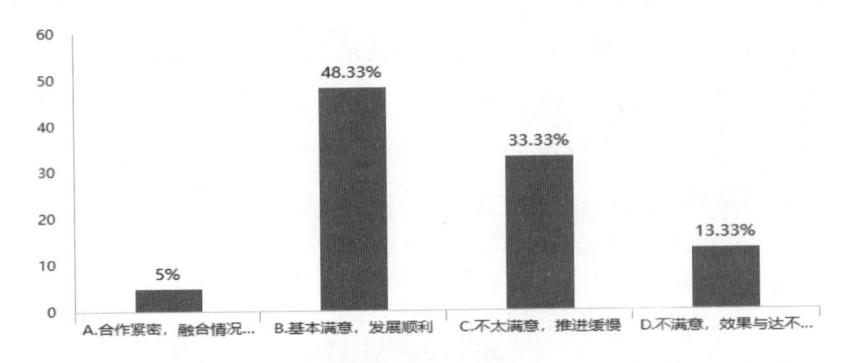

图3-13 企业参与产教融合政策执行的现状评价

企业在参与产教融合政策执行过程中，调查发现（见图3-14），6.67%的企业认为参与产教融合政策执行的效果很理想，27%的企业认为比较理想，20%的企业认为一般，40%的企业觉得不太理想和8.33%的企业认为完全不理想。总体而言，仍有近一半的企业认为参与产教融合政策执行的效果不太理想，未能看到实际效果。

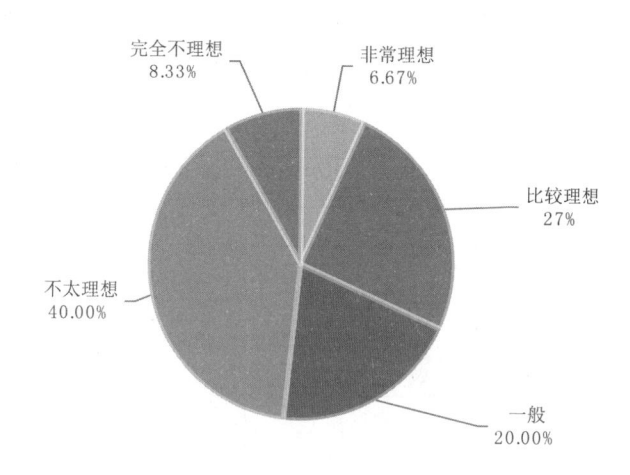

图3-14 企业参与产教融合政策执行的效果评价

（二）职业院校参与产教融合政策执行的效果评价

1. 学校成立专门部门负责产教融合政策执行的清晰度评价

如表3-10所示，参与调查的职业院校，有84.29%的学校设立了产教融合专门负责的管理职能部门，其中20%学校设立的专门负责产教融合的职能部门形同虚设，基本不发挥什么作用。15.71%的职业院校没有设立专门负责产教融合事务的职能部门，原因有：对产教融合政策执行重视不足（54.55%）、缺乏专门的部门管理人员（36.36%）以及学校认为没有必要专门设立一个部门（9.09%）。调查数据表明，有一部分学校没有成立专门负责产教融合政策执行的部门，仅仅从其他部门借调几位教师或者让其他部门教师兼职产教融合工作。如："由于学校教师数量较少，并没有配备专门的部门负责管理产教融合工作，主要是由教务处教师兼职管理，与企业进行对接。在参与产教融合过程中，学校和企业共同投入资金建设实训基地、更新教学设备，并聘请3名企业师父来校教学。同时，暑假有派出专业教师到企业进行培训。"（访谈编号：20210625T-01）另外，甚至有一部分学校成立了专门负责产教融合政策执行的部门，但是未能理清部门职责，为学校和企业合作提供指导和帮助。如，"学校有专门就业部门和人员负责产教融合政策执行，也有单独的办公楼，但二级学院负责产教融合的老师数量却很少。同时，学校的发展规划处专门分析了产教融合政策文件，主动对接相关企业，寻求合作。在参与产教融合过程中，学校主动根据企业需求，更改课程与教学内容，实现订单制培养"。（访谈编号：20210626T-04）

表3-10  学校是否设立专门部门负责产教融合政策执行

| 问题 | 选项 | 频数 | 百分比 |
| --- | --- | --- | --- |
| 学校是否设立专门部门负责产教融合政策执行 | 有，校企之间运行高效且合作融洽 | 90 | 64.29% |
| | 有，校企之间运行低效且形同虚设 | 28 | 20% |
| | 无，因为资金不足、责任意识不强、缺乏管理人员、其他 | 22 | 15.71% |
| | 合计 | 140 | 100% |

同时，在当前产教融合政策执行过程中，调查职业院校的学生认为学校和企业各部门职责是否分明中发现（见表3-11），30.18%的学生认为校企各部门权责分明、协调规范，30.63%的学生认为校企各部门权责不分明、缺乏沟通机制，另外39.19%的学生不了解校企之间的部门分工，对其职责不了解。

表3-11  职业院校的学生对校企之间部门分工的评价

| 问题 | 选项 | 频数 | 百分比 |
| --- | --- | --- | --- |
| 职业院校的学生对校企之间部门分工的评价 | 是 | 67 | 30.18% |
| | 否 | 68 | 30.63% |
| | 不清楚 | 87 | 39.19% |
| | 合计 | 222 | 100% |

2. 职业院校参与产教融合政策执行的质量评估体系评价

通过调查职业院校在产教融合政策执行中的质量评估体系是否完善中发现（见图3-15），10%的职业院校表示非常完善，18.57%的职业院校表示比较完善，22.86%的职业院校表示一般，而30%的职业院校表示不太完善，甚至18.57%的企业表示完全不完善，质量评估体系不全面。半数以上的职业院校教师对产教融合政策执行的质量评估表示比较完善，能够很好反映产教融合政策执行中的问题及监测政策执行的效果。

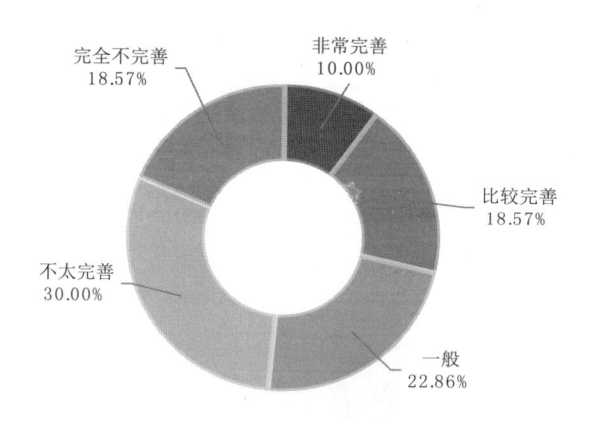

**图3-15 职业院校教师参与产教融合政策执行的质量评估体系的完善程度**

同时，调查职业院校的学生对企业参与产教融合政策执行的积极性进行评价（见图3-16），27.48%的学生认为企业非常积极，21.62%的学生认为比较积极，19.37%的学生认为一般，22.52%的学生认为不太积极，9%的企业认为完全不积极。在学生参与企业实习过程中，仍有近三分之一的学生认为企业在实习中的积极性不够，主体作用不突出，未能给予学生充分的实习机会和技能指导。

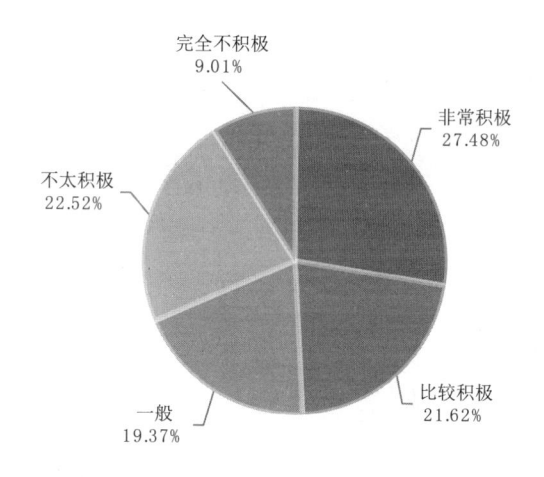

**图3-16 职业院校学生对企业参与产教融合政策执行的积极性评价**

最后，如图3-17所示，职业院校对目前校政企共同执行产教融合政策的评价主要是14.29%的学校认为校政企合作紧密、融合情况很好，60%的学校认为基本满意、发展顺利，但也有24.29%的学校不太满意，认为执行政策过程推进缓慢甚至1.43%的学校很不满意，认为实施效果达不到预期目标。通过访谈发现，不满意产教融合政策执行效果的这一部分职业院校认为学校在与企业对接不是很紧密，投入未能得到有效回报，学生也经常抱怨在企业中未能学习到真正有用的知识和技能。

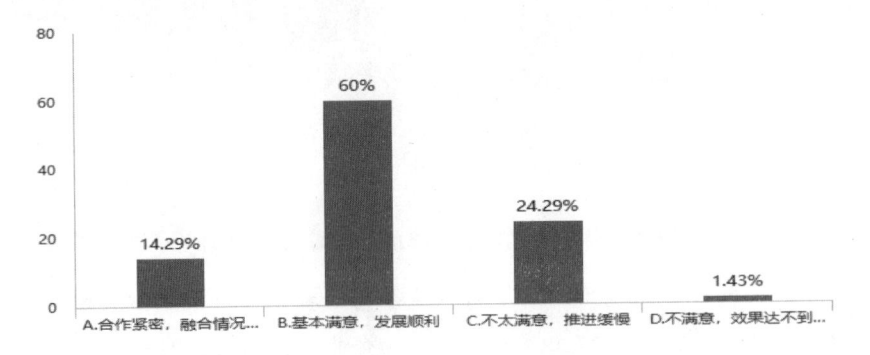

图3-17 职业院校参与产教融合政策执行的现状评价

职业院校教师调查数据显示（见图3-18），4.29%职业院校认为目前产教融合政策执行的效果很理想，27.14%职业院校认为比较理想，34.29%职业院校认为效果一般，32.86%和2%的职业院校认为产教融合政策执行的效果不理想。三分之一的职业院校不满意产教融合政策执行效果，认为政策实施达不到预期目标。

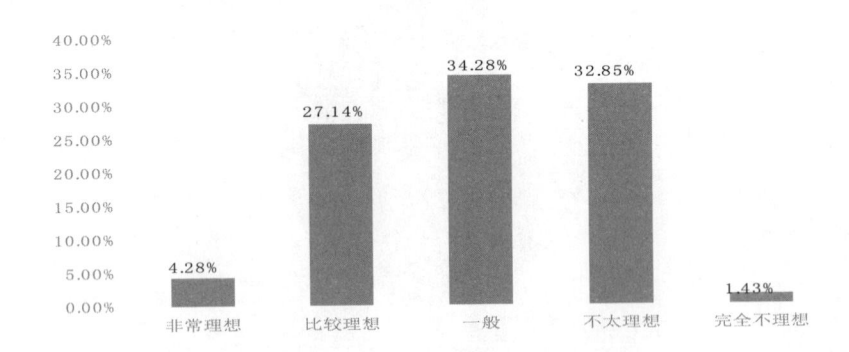

图3-18 职业院校参与产教融合政策执行的效果评价

总体而言，在产教融合政策执行的效果评价上，校企参与政策执行效果不佳。近一半的企业不太满意产教融合政策执行的效果，认为政策执行过程推进缓慢，短时间看不见成效。同时，也有三分之一职业院校不满意政策执行效果，认为政策实施达不到预期目标。

## 第三节　职业教育产教融合政策的困境与成因分析

通过产教融合政策执行过程中直接呈现的具体表现，发现政策执行的现实困境，并进一步挖掘政策执行的实际效果与政策预期目标之间存在偏差的原因。

### 一、职业教育产教融合政策的现实困境

#### （一）职业教育产教融合政策操作性不强

现有产教融合政策基本都是宏观层面的实施意见和办法，大多缺乏具体的实施细则和操作章程，所以，职业院校和企业在产教融合政策执行过程中还存在许多不确定的内容，从而使政策执行出现偏差。调查产教融合政策中存在的问题发现（见图3-19），相比较企业而言，更多的职业院校教师（84.28%）认为产教融合政策未制定统一的产教融合监督体系、管理细则还不够明确，出现问题难以协调。而企业则偏向认为产教融合政策的激励措施存在较大的问题，主要表现在未能有效落实税收优惠政策（70%）；缺乏奖惩机制、导致企业参与产教融合政策执行缺乏强制性（81.67%）；未提供切实具体的建设用地政策、办学优惠政策（53.33%）；政策的实施意见模糊，在产教融合政策执行过程中缺乏强有力指导（63.33%）等。

| | 职业院校 | 企业 |
|---|---|---|
| 政策实施意见模糊 | 58.57% | 63.33% |
| 未提供切实具体的建设用地政策、办学优惠政策 | 40% | 53.33% |
| 缺乏奖惩机制 | 54.28% | 81.67% |
| 未制定统一的产教融合监督体系 | 84.28% | 61.67% |
| 未能有效落实税收优惠政策 | 7.14% | 70% |

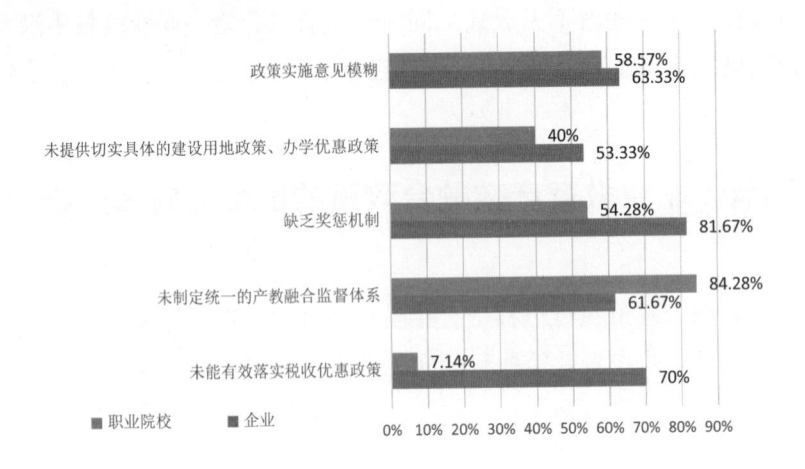

**图3-19　职业院校和企业认为产教融合政策中存在的问题**

另外，政策执行是否顺利重点在于政策文本的可操作性和实用性。以湖南省为例，最权威的产教融合政策是《国务院关于深化产教融合的若干意见》和《湖南省人民政府关于深化产教融合的实施意见》。然而，作为引导和规范校企参与产教融合的最有代表性的专门法规，在其政策文本上还存在些许问题，导致政策执行效果不佳。例如，政策文本内容模糊、政策时效性不足、政策内容不够完整等，这些问题也是校政企在产教融合政策执行过程中共同面临的问题。通过问卷调查和访谈发现，政策操作性不强主要表现有：第一，《国务院关于深化产教融合的若干意见》中提到，允许企业以资本、技术、管理等要素依法参与办学等。但在产教融合政策执行的具体操作过程中，政府部门没有制定具体的办学优惠实施细则，如财税用地、金融支持等的具体激励办法，企业未能够从中获利。第二，《国务院关于深化产教融合的若干意见》中提出，支持公办职业学校和企业可利用自身的资产办学；鼓励共建实习工厂、前校后厂等多种校企合作模式等[1]。研究发现，国家政策文件大多以"支持""鼓励""带动"等号召性话语，缺乏具体的奖惩机制，缺乏强制性，从而导致企业参与产教融合政策执行的积极性相差较大，未能充分凸显企业在人才培养中的主体作用。第三，《湖南省人

---

[1] 国务院办公厅. 关于深化产教融合的若干意见[Z]. （国办发〔2017〕95号）.

民政府关于深化产教融合的实施意见》中仅提到"对接产业调整优化学科和专业结构"和"区域经济社会发展和产教融合同步规划实施",但后续的政策文件并没有具体针对湖南省重工业的劳动密集型产业特点而制定具体的产教融合实施细则。地方政策缺乏针对性和创新性,使得地方产业融入职业学校人才培养受到了限制,未能更好地发挥产教融合政策的协调育人、共建共享的作用。

**(二)职业教育产教融合政策执行主体的效能不高**

产教融合政策执行主体的效能不高主要体现在政策执行的表面化和形式化、执行主体工作效率低,使得职业院校和企业并没有真正落实产教双向对接、深化人才培养改革的各项政策措施。第一,政府部门分工不明确,影响工作效率。政府部门主要负责产教融合政策执行的宏观指导和质量监测,但在具体执行过程中,由于政府部门未成立专门的职能部门或专项小组,教育部、发改委、财政部、人社部等部门会存在部门分工交叉,政府部门工作人员在处理问题时重复解答或意见冲突,导致未能对职业院校和企业提供有效指导甚至未能及时地发现问题,从而使得政府部门工作效率降低。第二,企业的表面化执行,导致产教融合政策执行运行低效。一方面,企业对于产教融合政策认识存在偏差,有些企业急于看到成效,忽视了产教融合人才培养是一个长期性的过程,对于职业院校的投资缺乏持续性和长远性,导致企业仅仅关注成效,而未深入参与产教融合政策执行过程中。另一方面,在企业参与产教融合政策执行过程中,近三分之一的教师认为企业作用不突出,实习效果不佳,未能学到实际的操作技能技巧。第三,职业院校的产教融合模式单一,政策执行形式化。调查发现,职业院校参与产教融合政策执行的形式主要有顶岗实习、共建实训基地、校企共同参与学科专业建设、技能鉴定和开展订单制人才培养,而在开展技能竞赛、双师型教师队伍技能培训、共建产教融合质量评价标准等方面缺乏。通过访谈发现,大部分企业认为职业院校产教融合形式单调,满足不了人才市场的用人需求。"我们学校的产教融合中心(校企合作办公室)虽建立了产教融合的日常管理体系和组织安排,但明显是'心有余而力不足,空有余而心不足',工作效率低,实习实训未产生实质效果。"

（访谈编号：20210626T-04）

**（三）职业教育产教融合目标群体对政策的执行效果不佳**

目标群体的积极性、参与意愿都是影响产教融合政策执行的关键。企业、职业院校的教师和学生作为产教融合政策执行的目标群体，但履行产教融合政策的效果并不佳。首先，企业积极性和主动性有待提高，企业在参与产教融合政策执行中效果未能达到预期目标。根据样本数据显示，15%的企业不愿意参与产教融合政策执行。另外，只有40%的企业会积极主动寻求职业院校合作，60%的企业会选择等待政府牵线或等待职业院校主动联系。而40%的职业院校教师也认为企业的参与意识不强，致使产教融合政策达不到预期效果。其次，职业院校参与产教融合政策执行的深度有待拓展。一方面，调查发现，15.71%的职业院校并未成立专门负责产教融合工作部门，还有20%的职业院校设立的产教融合职能部门运行低效且形同虚设，在具体执行产教融合工作中作用不突出，未能指导产教融合政策有效执行。另一方面，30%的职业院校在校企共建产教融合项目次数在5次以下，只是被动式执行。最后，职业院校学生的实习效果不太理想。通过访谈发现，学生在政策执行过程中，未能积极参与到校企的产教融合实践中，在实习实训过程中并未积极地与专业教师、企业师父进行学习和交流，理论知识和技能水平并未明显提高。"我对产教融合政策不是很了解，在企业实习过程中主要是师父示范和指导，之后我们进行实操。但因为一个师父要带20个同学，遇到问题师父都是在忙，还是需要自己慢慢摸索，所以之后兴趣慢慢降下来了，实习也未能学到很多东西。企业更多是提供实习实训的平台，培养模式单一，很多同学对实习效果不太满意。"

（访谈编号：20210625S-02）

**（四）职业教育产教融合政策执行环境不够理想**

政策执行环境同样是影响产教融合政策制定和执行的关键。由于产教融合政策的执行主体和目标群体较多，政策执行的环境也愈加复杂。首先，由于近两年社会大环境经济发展困难，企业在产教融合政策执行中的经费投入逐渐减少，使得职业院校面临教学设备、实习场地等资源不足的问题，未能给予学生充分的实习实训平台和实践机会。其次，受重理论轻实践的传统文化影响，一部分职业院校学生前两年半都在学校进行理论学习，最后半年才会到企业进行顶岗实习，使得学生在参与产教融合政策执行过程中被动式执行。最后，地方政府很少组织产教融合专项宣讲活动和培训专题讨论，政府、职业院校和企业缺乏相互交流的平台，导致目前有一部分的目标群体还不太了解产教融合政策内容以及政策执行现状。虽然目前大部分地区有线上政策信息交流平台，增加了政策信息传播的渠道。但是由于目标群体对政策的理解偏差或信息滞后，最终也只是片面了解政策内容，极有可能降低目标群体参与政策的积极性，最终影响到政策的执行效果。

## 二、职业教育产教融合政策执行困境的成因分析

### （一）职业教育产教融合政策内容的模糊性

史密斯模型中所描述的理想化政策要考虑政策本身的复杂性、政策的时效性以及内容的完整性等因素，这些都是影响政策执行的关键因素。

1. 政策滞后与碎片化

与职业院校产教融合的实践探索相比，直至2017年我国才正式出台专门的产教融合政策文件，政策滞后将近10年。当今社会市场经济正在飞速发展，各种新兴产业不断涌现，职业教育也需要随着市场经济和产业的变化而不断调整。产教融合政策内容不能是一成不变的。但目前地方出台的产教融合政策在时效性和前瞻性等方面还存在不足，这些问题未能及时解决，致使产教融合政策的执行效果不佳。

政策"碎片化"是指地方政策设计笼统，未与国家产教融合政策进行有效衔接。产教融合政策大都以理论性内容、号召性话语居多，缺乏具体的操作方案和强制性标准。目前，我国正处于产业结构转型升级、职业院校学科与专业结构改革的关键时期，如地方政府未能在产教融合政策执行中提出切实具体的工作要求和指导意见，职业院校和企业没有具体的参照标准，极大可能使产教融合政策效果大打折扣。整体而言，产教融合政策内容缺乏创新，未能根据当地产业特点提出可操作性和合理的实施细则。政策内容碎片化会使政策执行过程曲折、执行主体操作困难。同时，由于

政策缺乏强制性和约束性，企业参与政策执行的积极性和执行力度都会减弱，从而影响产教融合政策执行的最终成效。

2. 政策保障措施不够健全

目前，国家和地方政府并未出台具体的产教融合政策保障措施，并未给企业提供合适的政策支持和保障体系。以湖南省为例，虽然《国务院关于深化产教融合的若干意见》和《湖南省人民政府关于深化产教融合的实施意见》中有提到要完善政策支持体系，但始终未细化企业参与产教融合政策的激励措施，缺少对于企业的有力引导，致使企业参与产教融合政策执行的积极性不高。同时，强调要"强化考核督导"，却未提及如何将产教融合实施现状融入校政企绩效考核中。2019年《国家职业教育改革实施方案》《建设产教融合型企业实施办法（试行）》中都有提到给予"金融+财政+土地+信用"的组合式激励，并落实税收减免政策等，但迟迟未能给出具体方法。通过调查问卷和实地访谈发现，企业普遍反映在产教融合政策执行中，基本是由学校主动联系或等政府牵线对接，有一部分企业碍于情面只能答应合作，致使在具体的合作中，积极性不高，导致执行表面化和形式化。企业参与产教融合政策执行过程中，提供大量资金购买专业设备、实习岗位以及技术人员培训等，但产教融合政策本身未能给出具体的激励措施，无法调动企业的积极性。产教融合政策中对企业缺少保障和支持措施，而企业的成本周期长且慢，最终大部分企业不愿意参与产教融合政策执行。

产教融合、校企合作相关政策法规缺失。尽管产教融合、校企合作受到政府高度重视，但关于产教融合、校企合作多为倡议性要求，缺乏相关政策法规，对企业是否履行参与职业教育的社会责任缺乏规范性与强制性，企业办学在审批和管理、新开设专业等方面缺少政策支持，对企业参与职业教育的激励机制、激励政策与惩戒机制等缺少法律刚性约束，对于吸纳本地职业院校毕业生就业的本土企业和本土就业的职业院校毕业生没有相应政策支持和奖励，导致产教融合缺乏制度保障。有关部门出台的文件不一致，有的甚至是相互矛盾的。如以教育部门牵头的一些文件通常是鼓励产教融合、校企合作，鼓励以政府购买服务或企业入股参股形式引进企业参与职业教育人才培养。但是，有些主管厅局却明文规定不允许国有资产进行经营性投资，已投资入股的必须逐步退出，组织等部门应发挥政府主导作用，完善产教融合相关法规政策。可参照江苏省推动颁布实施《江苏省职业教育校企合作促进条例》等地方性法规的做法，湖南制定出台《湖南省职业教育校企合作促进条例》《湖南省现代学徒制实施意见》《湖南省职业院校混合所有制管理办法》等文件。明确企业参与职业教育的强制性规定和激励政策。对销售收入亿元以上或从业人员达到1000人以上企业应承担合作办学任务，按企业技术岗位数的10%接收实习生，按企业在职员工数的0.5%提供教师顶岗实践岗位，并将其开展职业教育的情况纳入企业社会责任报告。除了直接的财力支持外，对于企业可明确"减免校企合作企业的部分税收""承担企业员工参加培训的部分费用""立项优先"等。对于学校可通过政府购买服务等方式给予提供间接的财政支持。

（二）职业教育产教融合政策执行主体之间协调性不足

政策执行主体是影响产教融合政策执行的关键因素，主体部门人员的能力水平、主观意愿等决定了政策执行的深度和广度。产教融合政策执行涉及的执行主体包括政府、企业、职业院校多个主体，只有执行主体之间的积极配合、互相协调，才能不断深化产教融合。产教融合政策的执行主体之间协调性不足主要体现在执行主体权责不清和缺乏沟通。

1. 政策执行主体权责不清晰

产教融合政策执行主体的组成比较复杂，涉及国家和地方多个不同层级的主体。政府负责进行产教融合政策的制定与监督，职业院校和企业负责政策的实施。由于产教融合政策执行需要多个部门协同管理，而各个部门事务繁多，部门间交流较少、职责分工不明确，导致政策执行过程中会出现职能重叠、权责界限模糊的问题，很容易造成由多个领导一起指挥或者无人指挥的状况，最终拉低了产教融合政策执行效率。应健全教育与经济社会发展同步规划机制。协调落实政府部门、行业、企业、学校等利益相关方产教融合、校企合作事宜。落实高等学校专业设置自主权，引导职业院校主动对接区域经济和主导产业开展专业建设和人才培养，协调产业布局、企业的岗位需求和技术改造升级需求与教育供给的矛盾，促进教育与产业协调融合发展。建立产教深度融合实训平台，试行董事会、理事会制度，形成校企利益共同体。

2. 政策执行主体之间缺乏沟通

职业教育产教融合政策执行过程涉及职业院校、企业和地方政府的多个主体，但由于主体多元化及复杂性，从而在政策执行过程中出现执行主体之间缺乏沟通、协调性不足的问题。

政策执行主体之间科研根据产业结构调整专业结构，扎实推进集团化办学。政府应牵头定期开展职业学校专业结构与产业结合吻合度调查，院校也应主动根据当地新兴、战略产业调整或新增专业设置，如有职业院校设立化妆品营销、化妆品企业管理和人物形象设计三个新专业（方向），同时与职业院校有效衔接，通过自主招生培养高端技能型人才。充分发挥行业、协会作用，与行业、企业共建企业学院。如苏州市职业大学与苏州市光电缆商会共建苏州市光电缆行业大学、与苏州市电梯业商会共建电梯学院、与苏州跨境电商协会共建跨境电商学院等13个行业、企业学院。还可以积极开展现代学徒制合作，实行校企双主体育人。政府加强组织领导、强化顶层设计，出台关于推进现代学徒制试点工作的相关文件，负责试点工作的研究、推进与指导，并强化试点工作过程监督、指导和评估。如江苏省太仓职业教育中心校拥有合作企业279家，其中共建"培训中心"10家，企业合作性设备投入1190多万元。广东顺德梁銶琚职业技术学校，实施"三元融合五年贯通"高技能人才培养模式，根据企业工作岗位需求，开展学徒制合作。

（1）两两间协作不足

首先，职业院校和企业之间的两两协作。调查发现，64.29%的职业院校有设立专门负责产教融合工作的部门且职责分工明确；20%的职业院校虽设立专门部门基本不发挥什么作用；15.71%的职业院校并没有设立专门负责产教融合政策执行的职能部门，由发展规划处和就业指导处共同管理。"我们学校提供教师教学和学生培养，场地和配套基础设施希望和企业共同建设，也希望企业能够参与到人才培养中来。但是现实中企业只是提供一次性资金资助以及实习的场所，学生在其中没有学到什么知识和技能，企业和学校都没有实现共赢。"（访谈编号：20210625T-02）另外，大部分企业里没有设立专门负责产教融合政策执行的部门，一般由人力资源部和研发管理部共

## 第三章　职业教育产教融合的政策分析

同负责与职业院校进行对接。"我们也积极寻求职业院校合作，在产教融合政策执行中投入大量的资金设备以及场地用于人才培养，但并未产生明显的效果，学校培养的人才到企业还是需要再次培养专业技能。"（访谈编号：20210708C-01）职业院校和企业之间虽有参与产教融合政策执行，但是由于双方沟通机制不畅或信息不对称，导致校企之间人才培养、资源配置、角色分工等方面的不协调，导致产教融合草草结束。

其次，职业院校和政府之间的两两协作。职业院校根据政府发布的政策文件，紧跟时代要求，积极寻求企业实施产教融合政策。多个政府部门参与到产教融合政策执行，如教育部、国家发改委、人力资源保障部、财政部和各省级人民政府等共同分工。虽然在国家和地方的产教融合政策文件的附件中都有重点任务分工，但是对于具体的工作任务和主要内容没有细化到具体部门，大体是"教育部会同有关部门"或者多个部门共同参与，这使得职业院校和企业在寻求政府帮助或指导时，出现了分工混乱、迷惑的现象。当职业院校参与产教融合政策执行过程中，出现问题需要寻求帮助时，往往东跑西颠，反而降低了工作效率。

最后，政府和企业之间的两两协作。政府在产教融合政策文件中明确提出要强化企业的重要主体作用，强调将产教融合融入企业人才培养全过程，使政府、企业、职业院校合理搭建协同育人的新平台。虽然政府已经颁布了《建设产教融合型企业实施办法（试行）》，但调查数据表明，38.33%的企业没有计划申报产教融合型企业，28.33%的企业等待政府牵线参与产教融合。由此可知，仍有三分之一左右的企业参与意愿度不高。"我们公司参与产教融合政策程度较浅，仅仅接收学生顶岗实习、到学校开宣讲会。"（访谈编号：20210709C.-03）"公司前期投入50万，主要用于建设生产实训车间和购买生产配套设施。两个月后找市财政局和税务局咨询相关政策支持，中间花费了近一个月时间，跑这个部门又跑那个部门，一个问题问几遍，审批流程很复杂，补充材料也很多，最后财政税收支持也不是很高。明年公司不准备再向职业院校投入资金，看不到产教融合的实际效果。"（访谈编号：20210710C-04）由于政策内容之间的分工复杂性以及企业自身积极性不高，使得政府和企业之间的协作流于表面，

105

浮于形式。地方政府主导地位缺失，体制和机制建设不健全。职业院校属于非营利的公益性单位，以培养社会需要的高素质和高技能人才为目标，一般难以用经济效益直接衡量其增值。企业作为经济组织，具有营利性，以满足市场需求为目标，追求经济效益最大化。校企合作不仅需要用人单位为学生提供实习岗位，更要求企业参与人才培养方案的制订、课程的设置、教学的设计、学生的实践、教学评估等人才培养的全过程，这些都会增加企业的日常运作成本。教育部门政策与财政部门的审计与经济指标绩效考核导向的不一致，使得职业院校在校企合作中就不敢轻易使用国有资产（场地、设备或资金）对外合作。加上职业院校治理结构中产权不清，增加了交易费用，降低了产教融合动力，使得校企双方难以实现长期有效的可持续、深层次合作关系。政府没有很好地为职业院校与行业企业的合作搭建桥梁并提供政策优惠，缺乏足够的政府财政、政策支持、深层的校企合作平台的搭建。

（2）校政企三方互动形式化

政府、企业和职业院校在参与政策执行过程中必须做到有效沟通、相互协调、资源共享，但实际上，由于负责产教融合政策执行的政府部门主要将精力集中在产教融合措施的制定和实施上，基本很少了解企业和职业院校的实际需求。在不同阶段的产教融合政策执行中，校政企都很少沟通和协商。企业和职业院校未能及时反馈在产教融合中遇到的困难，政府未能及时接收到职业院校和企业的问题反馈并加以处理。同样，职业院校和企业并不很推崇和认可负责产教融合政策执行的政府部门，对实施各项产教融合政策措施也不是很积极。另外，政府部门觉得自身的目标仅是指导目标群体，具体实施由它们自己想办法，与企业和职业院校保持远距离。而企业和职业院校也觉得这就是我们的事情，关起门来实施产教融合，对政府部门若即若离，致使校政企三方互动形式化，劳而无功。

校企合作能力不强、合作层次不高、模式单一。具体表现为部分企业的合作意愿不强，合作领域也往往局限在就业、人才培养、基地建设等方面。在现代学徒制的探索方面，改革举措和实际成效尚未有实质性突破，个别学校开展了现代学徒制试点工作，但基本上沿袭过去常见的"订单培养"模式,"招工即招生"的制度性障碍没有破除,"校企轮换""工学交替""双主体育人"的过程还未落实到位。

**(三)职业教育产教融合政策目标群体参与意识不强**

1. 目标群体对产教融合政策了解渠道狭窄

职业院校教师、学生和企业对产教融合政策的了解渠道比较单一。通过实地调研发现,职业院校教师主要是从中国职业技术教育官网、学校行政会、教育局定期召开的教研会了解产教融合相关政策,但仍然还有21.43%的教师不太了解产教融合政策信息;企业是通过官网、微信公众号等途径了解产教融合政策,38.33%的企业员工不了解产教融合政策信息;而学生是通过学校官网了解,但很多同学并未去关注官网信息,只是跟着学校通知走,并不清楚自己需要做什么。34.23%的同学不太了解甚至17.12%的同学完全不知道产教融合政策内容。由于自上而下的传达产教融合政策内容且宣传渠道单一,使得职业院校教师、学生和企业被动接受产教融合政策,缺乏自我意识,最终导致一部分企业、职业院校的教师和学生参与意识不强。

2. 目标群体对产教融合政策认同感较低

产教融合政策要取得预期的目标,必须加强企业、职业院校的教师和学生的政策认同感。调查发现,有三分之一的企业员工、职业院校教师和学生对产教融合政策文件内容了解的程度仍然不足。同时,大多数职业院校和企业并未对产教融合政策进行解读和宣传,主要原因在于企业员工、教师和学生没能将自我放在产教融合政策执行的目标群体地位上,只是履行国家政策规定的义务,并未真正理解产教融合的实质。虽然一部分职业院校和企业参与产教融合项目,加强学生技能操作水平的培养,但他们在心里并未真正接受产教融合政策。另外,企业在参与产教融合政策执行过程中,前期需要承担人才培养、资源投入等大量成本,但效益周期长、成本回收慢,所以企业在参与产教融合政策执行中会有所保留。

**(四)职业教育产教融合政策执行环境受到制约**

1. 执行监督机制缺乏

首先,缺少量化监督考核指标。《国务院关于深化产教融合的若干意见》提及要引用第三方机构进行产教融合效能评价,但是各地实施方案未能给出具体指导意见,缺少具体的有针对性的考核细则,导致主观性较强,难以量化分析产教融合政策执行的成效。其次,执行主体监督意识淡薄,并未成立专门负责政策执行监督部门。基本都是执行监督合二为一,一边执行一边监督,出现问题才后知后觉,最终导致政策执行效果不佳。最后,缺乏专门的政策执行监督法律法规,对于企业和职业院校的责任和义务缺少强制性。

职业院校的制度体系不合理。职业院校的产教融合制度不利于产教融合主体积极深化产教融合,学校很难通过制度创新深化产教融合。职业院校的人才培养目标和课程设置没有瞄准地方经济社会发展,教学评价制度粗放,无力督促教师改进教学内容和教学方法,积极深化产教融合。职业院校的教师编制短缺,在将其他行业企业的职称转换为高等学校的职称中面临制度障碍,不利于其引进行业企业师资。

2. 政策资源不足

产教融合政策执行的教育经费投入(场地、设备、人才、技术等)是产教融合政策顺利执行的必要保障,最终决定产教融合政策执行的成效。各院校和企业通过加强社会培训推进产教融合,在合作方式、办学模式、人才培养对接等方面积极创新,探索了很多值得借鉴的经验,提供了一些成功的案例。如焦点科技股份有限公司利用互联网信息技术改造,通过引企入校、学术交流推进产教融合,特别是其子公司江苏中企教育联合众多高校,对企业人员、高校学生进行外贸、电商等众多方面的岗位培训,开展"英才名匠"项目,进行大数据、互联网、智能制造方面的培训,为企业匹配人才进行专业培训。苏州市职业大学坚持点上与企业合作、面上与行业合作,围绕光电、电梯等高新产业,在行业、企业牵头建立苏州光电学院、跨境电商学院等校外生产性实训基地13个,与新道共建新道学院、新道师资研修院与AR/VR虚拟现实实训中心,共为企业员工进行职业培训12,000人次。武汉铁路职院面向铁路行业服务社会,联合铁路等企业组建轨道交通职教集团,为企业开展在职职工技术培训和入职、转岗、晋升培训,特别是服务国家高铁战略走出去开展社会培训,为泰国培养留学生,到肯尼亚送教上门。武汉美斯坦福信息技术有限公司，在全国47所产教融合校企合作的院校中，共计有合作专业的学生28,000名。开发了包含O2O直播平台和慕课平台的"互联网+线上教育"平台。采用"人字培养模型"教育模式为企业培养心智健全具有工匠精神的应用型人才。

（1）职业院校产教融合教育经费不够充足

一是过去政府存在重普教轻职教、重学历轻技能，对职业教育经费投入占教育经费总额的比重偏低。2020年中等职业教育经费总投入为2872亿元，占全国高中阶段教育经费总投入的34.07%。普通高职高专教育经费总投入为2758亿元，占全国高等教育经费总投入的19.7%。相比普通教育而言，职业教育注重培养第一线的技术型人才，这就需要建设实习实训场所和实训设备，需要大量资金，所以教育经费投入也应该高一些。但目前，普通教育的经费投入仍普遍高于职业教育。"近年来，职业院校人才培养和实训基地建设的经费受限。随着物价越来越高，但教育经费却没有太多增长，而我们学校实施产教融合政策，需要在场地、设备、人才等方面加大投入，这使得生均经费相对下降了。虽然近年来教育行政部门也会首先加大对职业院校经费投入，但是经费仍然不足，使得产教融合很多项目推行困难，直接影响了学校教师和学生的参与产教融合政策执行的主动性和积极性"。（访谈编号：20210626T-03）虽然近几年，国家开始重视职业院校，增加职业教育经费投入，但随着职业院校教师增加、设备更新与维护等，还是会出现经费短缺的问题。再者职业教育专项资金在实施产教融合政策过程中不足，进而影响了产教融合政策执行效果。

应充分发挥企业主体作用，完善补偿和激励机制。设立产教融合校企合作专项资金，为在本企业实习实训的学生支付的劳动报酬，以及根据校企协议由企业为实习实训学生购买的意外伤害保险等费用，按相关政策规定在企业所得税前扣除。对于吸纳本地职业院校毕业生就业的本土企业给予相应政策支持和奖励。

二是社会资本进入职业教育领域的渠道不够畅通。职业院校向企业购买教育资源和服务，在主体选择方面受制于当前的公开招标制度，无法快速购买到适应的教学资源及服务。企业投资现场设施设备用于学校教学采用捐赠形式而无法获取相关补偿。职业教育混合所有制改革启动缓慢，企业的资本投入、人力投入的合法收益和合理回报没有制度保证，职业院校参股、入股开展教育服务的禁令没有解除。政府相关部门、国有企业人员到职业学校担任兼职教师，面临着企业兼职的纪律风险和兼职取酬的纪律禁令。

（2）双师型教师数量和质量不容乐观

2019年《国家职业教育改革实施方案》强调要多措并举打造双师型教师队伍，必须保证充足的双师型教师。笔者通过访谈发现，职业院校双师型教师的数量和质量有待进一步提高。"我们学校按照要求扩大双师型教师的比例，但学校的工资待遇、福利等都远远低于企业，所以从企业中抽调的专业技术教师也越来越少，而且离职率高。所以，学校的专业课教师都从之前原来的普通教师里面选拔，通过到合作企业进行短期培训，加强实践操作技能训练。因此，学校专业课教师在教学与培养上有一定的困难"。（访谈编号：20210626T-03）从所调查的职业院校教师情况来看，职业院校双师型教师占比不高。职业院校的双师型教师还存在缺口大、教师教学质量有待提高等情况，制约着产教融合政策执行效果。

坚持培养与培训、专职与兼职相结合，建立职业学校教师专业成长体系。江苏省实施职业教育领军人才和高层次人才培养工程，依托行业企业、高等院校和科研启动，建立起覆盖了全部类别、全部专业和全部教师的培训网络。

江苏省财政每年支持1万多名职业院校教师参加省级以上培训，实现教师每5年轮训一遍，每年有超过1万名的专业教师会奔赴企业进行实践培训和锻炼。连续5年来在50个学校设立139名产业教授岗位，参与职业院校人才培养方案制订、讲座、承担课程、推动项目申报和研究。自2015年起，湖北省开始实行"楚天技能名师"制度，即从行业中一些企业聘请熟练工人作为职业院校对应专业的兼职教师。省财政每人每年补贴2万元，截至2017年底，共设立楚天技能名师岗位3000个。补助资金每人2万元支持职业院校青年教师进企业实践活动。

# 第四章 职业教育产教融合的教学分析

就学习的本质来说，我们可以将学习定义为在一段较长的时间内获得的稳定的知识或技能，或者是通过学习进程，对原有知识或技能的改变升级与更新。从人的特性出发，从能力的获得与改变来看，学习给人带来的变化相对而言是较为持久且稳定的。因此，当学习行为发生时，学习的内容、学习情境、学习的手段及学习方法，加上人是独立的个体，学习者个体之前的学习经验、认知发展水平、主动理解的意识与方法等主观因素，在个体行为上存在明显的个性特征与关注差异，所以有了不同学习范式的产生。人们普遍认同，现代社会中，现代职业人必须掌握"软技能"，如在工作当中团结协作的意识、与伙伴沟通交流的能力、解决问题的能力、创新精神与主动意识，往往不是在之前所接受到或正式的学校教育和培训当中所获得的，而是在经历了真正的工作实践，获得了丰富的工作体验后，在自身的能力基础上新增的。特别是随着新概念的出现，如知识经济、学习型社会和终身学习等，包括职业教育与职业培训在内的传统学校教育为社会提供服务时会面临新的难题。在工作中进行学习、在现场中获得体验、在操作中获得经验正在成为职业教育与培训的实际状况。许多国家和地区都已经认识到，在工作场所学习对于职业员工培训的重要性，于是将其作为一种学习和实践形式，在职业教育与职业培训的领域中广泛地使用，相应地，工作本位学习（work-based learning）的内涵与概念也随之出现。从社会工作领域开始流行并且迅速传播到其他领域，包括并不限于学术界。简单地说，这是一个着重关注学习者需求的课程计划，该计划将学习者的工作安排与学习计划联系并结合起来，使学习者可以获得工作场所中新的学习机会。

工作本位根本的特点在于学习者在现场从事的工作，以完成工作任务和工作内容为目的,通过在完成本职工作的同时,学习与工作内容有关的知识与技能,并将这些知识与技能进行调整与整合,从而成为个体的职业能力,并运用到以后的工作实践中。工作本位学习强调学习者主动地"学",也就是主动求知与体验,而非领导或工作伙伴地"教",强调个体在实际的工作任务中通过实践性的操作活动而获得学习体验与教育,增长自身的职业能力。工作本位学习在实践过程中演化出了不少的学习模式,在各个国家的具体实践状况中,也相应地根据本国的工作特点和工作群体方式演化出了相应的模式,例如美国的"合作教育",英国的"三明治教育"和我们国家的"工读结合"或"半工半读",这些教育形式都可以看作各国在根据本国的实际情况中衍生并发展起来的。

目前工作本位学习对于我国职业教育的发展已经产生了巨大的影响,从本质上来说,职业教育是一项具有职业性、技术性、实操性和应用性的教育工作,工作本位学习能够让学习者在工作过程中最大的获得技术技能的锻炼,以及获得工作经历的体验,对于我国职业教育来说是进行现代教育方式改革的不错之选。本章根据现阶段高等职业教育教学改革相关工作所面临的一些现实问题,从高等职业教育发展的实际工作要求出发,着重对于其中一些操作不规范、针对性不强、效率低下的在实践过程当中产生的问题,试图通过从理论上进行探索和研究,从而对存在的问题进行实际指导,同时也从实践出发,在理论研究的基础上指导实践进行更好地完善。在理论研究和实践操作中,把握核心观点、核心理论与核心方式,抓住事物的本质,以期为我国职业教育的发展做出理论上的贡献。同时,对于实际问题提供了具体详细的建议,并拒绝研究中虚假和空洞的部分。

根据文献可以看出,我国高等职业教育的实践教学课程中,工作本位学习的开展存在以下明显的问题:一是开展工作本位学习的根本动力不足;二是切实落实了工作本位学习的高等职业技术学院少,展开的规模和比例不合理;三是科学合理的工作本位学习相关运行机制还没有拟定。此外,研究发现,在中国高等职业教育的实践教学过程中,影响教育质量和发展的主要问题是如何为学生提供真正意义上的工作岗位学习机会,如何为学生制定合适的课程设计和组织、考核和管理等其他相关内容。目前,工作本位学习的相关研究在中国教育理论研究中还不成熟，属于边缘性、附带性研究。这种崭新的人才培养方式有很多优势，符合中国高等职业教育的发展趋势。由于高等职业教育是一种要求很高、成本很高的教育形式，如果缺乏坚实的理论内容和根据当作实践的根本，对实际的教育工作进行指导和建议，那么高职教育非常容易在具体的操作过程中走弯路，导致教育工作的效率低下、成果不明，更有甚者会带来教育工作的失败。

## 第一节 我国职业教育产教融合教学的问题与原因

目前，中国高等教育在改革和创新方面的发展，也引起了人们对实践性学习环节不同方面的极大关注。从大量文献中可以看出，中国高等教育的实践性学习环节比较薄弱，基于工作场所的学习是一个刚刚被引入的学习概念。下面，我们将结合中国的高等教育实践，指出基于工作场所的学习在实施过程中存在的主要问题，并分析其原因。

### 一、我国职业教育产教融合存在的主要问题

#### （一）产教融合教学的原动力不足

正如前文所述，发达国家开展工作本位学习的共同特征，均有政府、企业与社会力量提供强大的原动力，在我国，同样也离不开这些支持。

首先是政府的财政支持力度与相关法律保障。职业院校实训基地建设的经费来源主要由中央财政拨款与地方性投入。从中央与地方参与经费投入比例来看，在建设实训基地的资金投入上，地方投入资金虽然在比例上超过了中央的财政投入，但是地方的投入资金大部分来源于学校本身，学校通过校办产业或是自筹经费开展实训基地的建设，其投入资金占到了地方投入资金总额的63%，而只有29%则来源于地方财政。全国31个省级区域内的超过330多个实训基地中，高达58%比例的实训基地建设中，没有地方财政专项经费的支持。就目前我国实训基地建设经费投入来说，地方性政府对于学校建设

实习实训基地的财政拨款远远不够，对于职业教育产教融合的支持力度不强。由于工作本位学习是一种生产性的学习，具体要求学生在劳动过程中、工作过程中获得学习的体验与收获，而在开展的过程中会涉及许多的安全问题与隐患。完备的法律法规与制度保障是我国开展产教融合的重要保证，而且法律法规与制度保障，并不只涉及职业教育的问题，还涉及多种政策的制定与完善，例如学生的安全管理、产教融合的责任制度、政策性优惠问题等。但目前我国的实际情况是，相关法规仍是空缺，企业及社会力量积极性不高。在地方政府牵头引导下，目前，学校和企业产教融合的合作程度，只停留在比较浅的表面或层次，例如双方合作共同设立学生实训实习基地、组织学生到企业参与实训学习、校企之间合作设立新的研究课题与工作课题，而且学生在企业进行实习的过程中，往往参加的工作是比较表面的，技术含量低，工作过程简单机械，对学生的工作能力并没有得到很好的锻炼和提升，实习实践逐渐流于形式。那些企业也不愿拿出真正的设施和场所与学校对接，建立真正长期而有效的产教融合的方式，还没有形成稳定的工作本位学习场所。产教融合流于形式导致学生并没有真正机会进入企业当中，去体验自己所学专业的一系列生产过程和劳动过程，而是按照企业的要求，重复一些机械简单的工作，不能得到实际操作能力的锻炼与提升，同时设施设备的不足与场地的缺乏，也不能够让学生真正地接触到高新产业的新型设备、生产技术和科学管理，职业岗位与学习的"零距离对接"无法真正地实现。特别是近几年疫情影响，全球经济疲软的大背景下，许多院校在沿海城市的校外实训基地也不同程度受到冲击，安排学生参与工作本位学习难度更大。

**（二）产教融合教学所占比例不合理**

随着近年来我国现代化职业教育体系的逐渐完善，高等职业教育在现代化的发展中不断改革与调整，就目前关于高职教育理论学习与实践操作的比例来说，职业院校教育课堂上的理论教学的时间和规模，在整个的课程计划与人才培养当中正在逐渐地减小，而让学生进行实际操作的实习实训的课程比例正在逐步地上升。然而，从笔者查阅到的文献和期刊中可以发现，许多职业院校实行工作本位学习时，实践教学量依旧不够。虽然教育部对评估高职高专人才培养水平的理论和实践指标提出了要求，但实际计算中，许多学校将学生的入校军训和体育课学习纳入了实践教学的比例计算。这明显与国外的工作本位学习比例是不能相提并论的。这主要是因为我们国家高等职业教育的实践教学或提供给学生的工作本位学习形式相对局限,职业院校一般有通过以下形式进行工作本位学习:学生被派往企业进行顶岗实习。学生在学校完成了规定的理论课程的学习后,作为实习生参与到企业真正的工作环境中,作为一名职业员工从事相对应的工作活动。就目前看,一般是由学生自己寻找单位,学生由于自身的资源有限,往往很难获得这类企业消息与途径,提供实训基地供学生实习的公司要么与学校有特定行业"血缘关系",要么与学校有某种契约,在企业中为学生提供真实的工作环境和工作工位,学生作为学徒的角色。一方面学生参与到学校的日常教学活动当中,同时也是以企业学徒的身份参与到企业的工作活动当中,而且这种学徒制的身份还能让学生获得少量报酬。

由于企业是营利性机构,需要通过控制成本或增加营业额来获得企业的生存与发展,出于减少成本的目的,企业大多提供老旧的或过时的设备、工具和原材料。学生通常在企业见习居多,就意味着学生到企业往往只是为了参观,而真正很少上手操作,在一定程度上弱化了实训基地的作用,把"实训实习"变成了"参观浏览"。就学校建设的校内实训基地状况而言,职业院校获得了财政投入,建设了规模不一的实训基地,或者用于模拟实践工作场景的模拟教室,让学生虽然不出校园,但是能够以工作者的角色获得真正的工作经验。由于实训的教师资源以及配套的课程研发落后,因此这些实训基地仍然侧重于"教学",工作本位学习的真正效益并未体现。

(三)产教融合教学缺失合理高效的运行模式

自国务院发布《关于大力发展职业教育的决定》(〔2006〕16号)以来,我国职业院校进入了一个新的发展和改革阶段,展现出诸多新的实践教学模式,包括模拟公司模式和情境教室,二者可以为学生提供不错的工作本位学习的机会。然而根据其他国家开展工作本位学习的经验,配套相应运行机制。相关的文献研究证明,缺乏科学有效的运行机制也是限制职业院校学生参与工作本位学习的重点障碍。师生们普遍认为,模拟实训的教室和情境课堂等课程模式具有创新性，可以激发学生和教师的主动性和活跃度。然而相较于传统的实践教学，进行这些实习训练的教学活动必需的设备多、材料多、场地大，在资金投入方面有较高的要求，同时对开展教学的师资也做出了要求，制约教学活动开展的因素比较多，涉及更广泛的主体和过程，教学过程是复杂的，可控程度低。课程内容、教学组织、教学指导方式和质量监控模式需要成套完善的机制配合运作，而这些计划和实施方案不可能在短时间内得以健全。由于缺乏科学有效的组织，不少院校"理实一体""情境教室"的学习也就无法达到预期的效果。

## 二、产教融合教学存在的相关问题的主要原因

笔者认为，中国的高等职业教育目前已经到了从"量"向"质"转变的发展阶段，除了受社会经济发展的差异影响，结合上述职业院校面对的问题，主要是存在以下三个主要原因：

### （一）对实践学习缺乏关注而产生的惯性影响

我国的高等职业教育中，实践学习的重要性不容忽视。然而，由于传统的教育观念以及一些行政管理上的问题，对实践学习的关注度存在不足，这导致了一些不利的影响。

首先，由于以学历资格认证为目标的职业教育模式，学校课程往往成为教育的重点，而实践学习在教学过程中常常被忽视。这种情况下，学生更多地接触书本知识，而缺乏实际操作的机会。结果，学生在职业能力和就业能力方面可能无法达到理想的水平，仅凭纸上得来的知识难以在实际工作中发挥作用。

其次，教师对实践教学的理解和认识也存在差异。有些教师可能认为实践教学仅仅是向学生展示和证明一些知识，而忽视了实际操作和实际应用的重要性。这可能是因为一些教师自身在相关领域的从业经验有限，或者长时间脱离了实际工作环境，导致对教学内容和理念的更新滞后。这种情况下，教师对实践教学的具体细节和操作方式可能缺乏充分的掌握，影响了实践教学的效果和质量。

例如，机械工程专业的学生。如果他们只是在教室里学习机械原理和相关理论知识，而没有机会亲自操作和实践，那么他们对机械设备的了解和操作技能将受到限制。当他们毕业后进入实际工作环境时，可能会面临应用知识的困难和不确定性。

### （二）建设实训场地和教学组织存在困难

工作本位学习的一个显著特点是依赖于学习地点或情境[①]。然而，在目前的情况下，由于我国经济的转型升级以及职业院校对行业企业作用的忽视，导致缺少具体的法律法规和政策支持来促进学校和企业之间的合作事项，同时也缺乏现代契约精神。因此，职业院校难以保证都能够与企业建立稳定的合作关系。例如，在建筑类高等职业学校中，许多建筑企业由于施工安全、技术措施和施工管理过程的复杂性等原因，不愿将学徒带到施工现场进行实习培训，也不愿将学生安排到施工技术或施工管理的关键岗位进行实习，导致实习基地不稳定。目前，我国职业院校主要依赖校内的实训场所进行教学。然而，由于财政拨款不足、学校自有资金有限以及学生人数的逐年增加，导致实验室和实训场地狭小，设备和材料设施的种类和数量难以满足教学需求。同时，目前的情况下，优秀的教师相对稀缺，而学生群体数量众多，师生比例失调，这使得职业院校在开展产教融合实训教学时多采用班级授课制。班级授课制在面对众多学生群体时具有较高的效益和较少的成本，但是对一线指导老师提出了更高的要求。然而，在许多职业院校中，普通教师每周的课时过多，工作量过大，导致他们对工作本位学习的研究精力和热情不高，教学组织相对松散、无序。对普通职业教师来说，从教室转移到特殊的工作场地进行教学组织是一项巨大的挑战。从教室到工作场景的转变，如果仍然使用传统的教学方法，往往难以达到工作本位学习的预期效果。

### （三）相关学习材料和实施方案的不足

通过对比行业专家和新手在知识结构、知识应用场景以及创新能力等方面的差异，可以清楚地得出结论：专家与新手之间的差距不仅仅是学

---

[①] 胡莹莹. 工作本位学习策略研究[D]. 长沙：湖南师范大学，2009.

习时间上的差异,更重要的是专家在构建知识、应用知识和创新知识方面具有更强的能力。因此,改革职业教育课程是发展工作本位学习的必然选择。然而,如果课程开发滞后于教学和教育的理念,改革就只会停留在理论层面。过于激进的课程改革可能破坏课程体系的科学性和合理性,导致学校开展的职业教育趋向于职业培训,学生获取的学习经验和知识变得零散,降低了课堂教学的效率,违背了教学的初衷,同时也降低了人才培养的质量。此外,现代课程改革的过程是繁琐而复杂的,涉及到多个因素的制约和影响。例如,重新规划和设计课程体系、制定课程标准、调整和编写教科书等工作,都对教师的能力提出了挑战,并需要大量的时间和精力来实施。实施工作本位学习将带来新的课程和教学改革,同时也带来许多问题需要解决,例如明确改革目标、基于哪些知识进行改革、如何实施以及如何科学评估学习者和教师的表现。所有这些都需要精心设计和精细管理,远比过去的实践教学环节更加复杂。

因此,为了克服产教融合教学所面临的问题,需要加强对实践学习的关注,提升实践教学的地位和重要性。同时,应加大对实训场地和教学组织的建设投入,促进学校与企业之间的合作,确保学生能够接触到真实的工作情境。此外,还需要加强对教师的培训和专业发展的探讨,提高其对工作本位学习的理解和能力。同时,要加强课程改革的规划和实施,确保课程体系科学合理,符合现代职业需求。通过这些努力,可以推动产教融合教学的有序发展,提高职业教育的质量和效果。

## 第二节 国外职业教育产教融合教学的做法与经验

### 一、国外职业教育产教融合教学的主要做法

#### (一)英国职业教育的产教融合教学

英国在1964年颁布了一部关于产教融合的法律——《产业训练法》,在这部法律当中,英国政府规定为了进一步促进企业参加职业教育与培训

## 第四章 职业教育产教融合的教学分析

的积极性,加强校企合作、产教融合的效率与针对性,成立专门组织"产业训练委员会"。委员会作为第三方机构,独立于学校与企业之外,在运行过程中主要起的作用就是通过向相关的企业征收训练费,然后将所收取的费用用于公民的职业教育与培训,其中专门向得到认可的能够提供专业训练的企业主支付,以确保资金使用的去向和效率。同时委员会可以通过制定一系列标准和要求,规范本行业内职业教育与培训的进程,通过制定产业发展政策,设置产业标准和教学大纲,规范新的考试内容和形式,以及在自己的培训中心提供培训课程和指导等活动来开展产业训练,规范其行业内的职业教育。自此之后,"资格推动型"模式以职业资格推动培训作为特色并逐渐发展。每个职业资格都有工作职责、技能水平、能力标准和工作要求的细节内容和标准。如今,工作本位学习主要在多个技术学院的"三明治"课程中进行,具体内容包括第一、第二年是学位课程安排,第三年进行实践,最后一年安排学习。学生在第三年的实践阶段将在工厂、企业和相关部门的各种岗位工作实习。因为每所学院都与当地一些企业合作,包括接受企业的经费,为企业培养所需人才,学生一年的实习实验工作,通常都是与学校有合作关系的企业进行解决,安排学生进入企业进行实习实训,同时在工作岗位上的辛勤劳动也获取相应的报酬。

目前在英国的学位体系当中,有一种特殊的学位叫"基础学位",学位由开办学校授予。能够授予该学位,从而需要进行的课程的学习,是由授予高校和合作企业共同协作设计开发,企业会专门委派专业人员参与整个课程体系的设计与规划,同时对学生的学习成果进行定期的检查和测试,教学过程的展开主要由学校提供,但是企业也会为学生学习开展提供便利条件,提供一定的资金资助,场地和设施的支持等。学位授予之后,身处其中的行业企业或者专业团体承认该学位的资格的,该学位在行业团体内范围有效。除此之外,一种新兴的网络学习方式E-learning,也在大城市开始流行,逐步在学生的上课方式占据一席之地。E-learning的全称叫作互联网学习平台,是借助互联网上的教育资源与优势,使学生能够随时随地开展学习的一种方式,能够方便学生灵活学习,随地开展学习,在很大程度上简化了学生的学习限制。这种学习方式,对于由于时间不充分,不能够进入课堂学习的学生,以及由于工作关系不能够全职在校学的学生来说,有非常大的优势。在课程设置上,教师根据每门课程的课程规定以及课程要求开设不同的学习主页和学习单元,同时为参加学习的学生建立属于自己的账户,让教师能随时更新和检查学生的学习状态并维护。学生的主页有课程每个阶段的所有信息,包括教学大纲、学习标准、学习内容、学习资源、练习和测试题等与每一阶段有关的完整资料的提供。除此之外,平台还给予老师和学生在线交流的机会,学生能够做到实时与教师进行学习问答、学习互动以及交作业等学习流程。

### (二)美国职业教育的产教融合教学

美国主要开展高等职业教育的机构是社区学院。就目前美国所开办的社区学院的规模来说,美国现有1200多家社区学院,每年有1000多万的学生在学院接受高等职业的教育与培训,占了美国大学生总数的44%。社区学院作为专门开展高等职业教育的教育机构,与普通的大学相比较,会更加专注于学生职业能力的培养与训练。在社区学院课程的开设体系当中,学生的实践性课程和教师进行实践性的教学占大部分比例,学生在接受实习实训课程时,能得到很好的职业技术能力的锻炼,以及应用能力的提升。其中在设定课时分配时,有45%左右的课时都用来拍摄学生的实验课程、实习课程以及工艺制作等项目的教学与课程学习,理论教学与实践几乎达到了对半分的程度。

社区学院作为美国开设高等职业教育的主要机构之一,由于其多元开放、灵活包容、针对性强、性价比高的特点而受到美国大学生的广泛欢迎。其具体表现在:接受教育的对象开放多元化(如没有年龄、民族等的限制)、实习实训课程教学的灵活性(如开设经验学分、实习实训场所24小时开放等)、实践教学目标的社会性、教育教学形式的多样化(如合约服务及企业家培训等)。面对当今日益激烈的市场竞争以及快速更新的科学技术,行业企业以及市场要求所有的劳动力都能够根据实际情况,发挥自身的力量,解决在工作场所遇到的难题,同时能够灵活变通,能够在工作中创新出新的想法与行动,能够与他人密切合作。但美国一直以来的传统教育,实际的社会环境中受到了诸多的抨击与批评,美国专门研究劳动力市场与经济发展和教育关系的学者专家们认为：在真实的工作场景中，学生往往能够接受到比在学校当中更加实用、更加精准、更加富有内容的教学与经验，并且能够将所学到的内容很快地用于工作。最近，为鼓励学生参与工作本位学习课程，马里兰州发起税收抵免计划，计划声称，雇主为参与工作本位学习计划的16~23岁的学生支付工资，将可抵免对国家的利息税保险公司的保费税。

（三）德国职业教育的产教融合教学

德国作为世界上职业教育发展的标杆国家，产教融合当中的实践教学主要是由高等专科学校（FH）承担，同时企业在实践教学过程中承担着主导地位的"企业主导"教学模式。所谓企业主导就是指行业、企业在职业教育产教融合的实践课程教学中占据支配性地位，对实践教学的展开起着决定性的作用。德国企业主导模式的具体表现主要有：（1）作为高等专科学校实践课程教学开展经费的主要提供者与支持者，为人才的培养展开提供了重要的支柱。这种知识在某种程度上来说是一种定向培养，学校在接受企业支持的同时，让学校内的学生和企业签订实习合同或劳务合同，让学生以准员工的身份接受职业培训的同时，皆为学生支付一定的费用用于学生的学习和生活，称之为培训津贴。同时企业作为职业教育培训的主要承担者，在某些高等专科学校需要收取学费时，会承担90%的学费，同时也会承担学生在企业内进行教学、培训和科研的费用。（2）企业在整个实践活动中起着主导性作用，组织与实施实践活动的整个规划、开展与结束。高等专科学校的新生在进入校园后，首先不是在学校进行学习，而是先到企业进行为期4~5个月的实习，这一阶段的学习过程主要是为了学校里面的理论学习打好坚实的实践基础。而且学生在企业进行学习的过程中不仅有集中的三个月的实习期限，而且在这一类的学习过程中，所学到的内容中有2/3是和企业有关的工作内容与程序，具体会涉及相关的工作方法、设计操作、实验流程等，大大提高了学生在企业工作中的真实性与有效性。学生在高等专科学校学习的最后一个学期，还是专门安排在与职业有关的企业或部门管理当中进行实习实训。（3）企业对于学生实习实训任务非常重视，积极承担起为学生提供实习培训的责任与义务，并且把这种校企合作产教融合看成是企业树立社会企业形象、人力资源开发、帮助企业前途发展的重要途径与手段。由于高等专科院校的学生在企业进行实习时具备了较好的理论学习知识以及相应的实践经验，同时人才质量高，实习生实际上是"顶岗工人+科研人员"的身份，所以企业在学生开展实习时展现了强烈的积极性，非常配合和支持，为这一类的学生提供实习所需要的场地、设施与资金。（4）企业在产教融合实践课程的教学过程中，对于学生的评价起着主导性作用，是开展学生质量评价的主体。

### （四）澳大利亚职业教育的产教融合教学

澳大利亚作为发达国家之一，非常重视国家职业教育的发展，同时也非常支持职业教育开展产教融合工作，各行各业通过财政支持和设施设备的提供帮助职业学校建立实训实习基地，为有需要的学生提供实习的工作与机会，从而切实参与到产教融合的实践教学工作中。在职业教育产教融合的过程中，企业拥有大局意识，为了能够培养和吸纳掌握先进技术的优秀劳动力和人才，愿意向学院提供本行业最先进新的生产设备供师生使用，以帮助学校建设自己的实训实习基地，并且负责设施设备的日常维护与更新，确保了校园内始终拥有先进的仪器设备开展实践教学工作。同时企业还为学校提供资金与资源平台，帮助学校建立起在全国范围内流行的实训模拟公司网络工程，供全国开展职业教育的学校与机构使用。截至目前，澳大利亚本土内已经搭建起由近百家行业企业赞助所构建的实习实训公司，并且与国际上著名的3000多个跨国公司进行了实训公司联网。学校可以广泛地利用这些优秀的共享资源开设VTET的课程与教学，或者将学生的实习承包给专门的人员，支付一定的费用，让他负责学校与行业企业之间的联系同时负责学生实训实习基地的联系注册与培训，为学生到工作场地进行现场实习牵线搭桥。在对学生进行课程的评价与考核时，澳大利亚TAFE学院的教学体系当中存在多种考核方法与手段，其中主要包括：观察测试、口头测试、第三方评价、动手操作、证明材料、自测自评、提交报告、进行面谈、产品制作、书面考试、视频录像和其他等12种主要的测试手段。当教师对学生的一门课程进行结束与评价时，通常会采取从12种评价方式当中选取几种进行组合，综合性考察学生的课程学习进度及能力掌握。这些测试方法与手段的综合运用，比起常规的书面考试来说，更能够从多种维度和层次反映学生的职业技能掌握能力,以及学生的创新创业意识与手段,其展现出来的结果更加具有有效性、权威性、充分性、一致性和领先性。而这种考核方式,也实现了学生课程考试和实践教学培训的有机统一,使得学生在接受考试的过程中同时接近培训过程,使得学生的培训工作更加高效,更加具有针对性,并且简化了学生教育培训的流程和成本。

## 二、国外职业教育产教融合教学的主要经验

### (一)政府、企业、社区广泛参与,提供强大的支持

二战后,世界各国为了应对高新技术迅猛发展的挑战,都将教育尤其是高等教育放在突出位置,各国政府针对青年人教育问题做出不断更新的国家框架下的青年培养计划,开始研究如何为本国青年人提供更为有效的职业培训与教育。德国一直有校企"双元制"开展职业技术教育的良好传统,并不断采取相关政策促进这种教育方式的发展。英国政府自20世纪70年代起,不断加强旨在针对16~19岁青少年教育和训练的宏观指导和国家干预。美国也在全国推行了多个具有重大影响的职业训练计划,其中包括"技术与职业教育计划"(TVET)、"从学校到工作计划"(STW)、"从学校到职业计划"(STC)等,向已经工作三年以上或者未进行全日制学习三年以上的有需要的青年提供各种有关职业技能与培训的课程,同时这些课程是由政府提供,学生不需要承担相应的费用,采取单元教学形式,分别在继续教育学院或企业施教,还有的则直接在企业、车间等工作现场实施教学与训练。

澳大利亚政府最新推出的基础学位,目的是提供专门的知识培训,让青年学习现代工作岗位上的知识与技能。参加了现代学徒制培训的年轻人,若是想要接受更高层次的高等教育,可以通过基础学位的方式,转向普通高等教育。通过"学徒制""基础学位"课程,从这些课程当中获取以积累,有关于当下企业发展,在企业工作岗位上进行劳动所需要的职业知识与职业技能,同时开展自己的职业生涯规划,以确保自己的就业定向和职业选择。在这些发达国家的职业教育中,还有广泛的企业、行业参

与。企业非常愿意接受学生到企业实习、学习。许多企业有专门的实习实训场所与车间,大型企业则专门在自己的企业内部开设了员工职业培训中心,或者是在外面开办属于企业自己的职业学校进行人才的培养与训练。企业有如此高的热情主要是缘于国家相关法律的规定或鼓励政策。同时企业普遍认为这种投资有利于企业树立起正面企业形象,对企业能够起到良好的宣传作用,这也是企业实力和荣誉的体现,从长远角度来看,必定是一种回报大于投入的投资,因此企业也愿意参加到这一类的教育培训中。在西方发达国家,社区是联结政府和当地企业的一颗强有力的纽扣,在政府和企业共同开展工作本位学习时,社区起到了良好的桥梁作用,它是不容小觑的一种社会力量。反过来,工作本位学习的发展也能支持和促进社区公共事业的发展。

就这样,政府支持下的青年培训计划,既有法律与政策的保障,又有企业与社区的积极参与,该计划为青年提供了稳定的学习场所和丰富的工作岗位,同时也为本国各行各业培养了一大批专业的技术人员[①]。

**(二)基于学习者的不同需求,开设灵活的课程形式**

在发达国家,工作本位学习最初的形式有职业课程(work-experience placement)、三明治课程(Sandwich Courses),这类课程是为本科生、研究生提供的。该课程要求学生注册入学后,一、二学年在校内进行学习,第三年须前往相关的实际工作场所,进行现场学习(我们所说的工作本位学习),到了第四年,学生再返回学校学习。职业课程给全日制学生提供了实践学习,有利于学生将所学知识与技能运用到真实的职场实践中。随着教育的发展,职业课程的实习体系日益规范,学校在学生的实习过程中加入了学习期限合同、学习情况记录、学生技能评估等内容,希望能提高学生工作本位学习的能力,也希望学生更加注重自身技能的发展。部分高校开始听取来自社会各界的建议,在实际的工作场所中就能开展职业技术学习,而不是只能在正规学术机构的教室里或者实验室里。工作现场学习与学术课程的紧密结合与发展,进一步规范了工作本位学习模式,加强了

---

① 胡莹莹. 工作本位学习策略研究[D]. 长沙:湖南师范大学,2009.

学习记录、技能评估以及技能认证等的体系建设，加深了对企业雇主、学术机构和学生三类角色功能及其职责的研究。特别值得关注的是：近年来，随着现代社会的飞速发展，企业雇主面对竞争激烈的劳动力市场而不断提高雇员的职业能力标准。那些刚刚从学校毕业但没有找到工作的年轻人，还有想要重新参加职业技能训练、从而提高自身能力和工作效率的大龄在岗人员，都对这种工作本位学习课程抱有极大的热情。各国政府也开始关注这些群体的需求，采取了一系列措施为他们提供技能培训的机会，在这段时间里增加了许多培训项目，将学术性教育和实践性工作相结合，为在岗人员提供了相当于大学学习水平的学习机会。同时，各类基金项目都将重点放在发展在职者而非在校学生的工作本位学习项目中。这样，工作本位学习开始更多地被在职者关注。几乎每个高校都建立了富有专业特色的工作本位学习网站，为各类学习者提供咨询、参与工作本位学习的便利服务。

**（三）科学的评价方式，保障教育质量**

随着时代的进步，关于考试的理论和手段在不断地更新与调整，例如英国实行的国家职业资格证书制度，就采用了一套与之前现行考试制度完全不同的鉴定标准与考核方式，打破了现有考试采用的手段与形式，抛弃了过去传统考试对于人才选拔过于强调理论知识，以及对于人才分级分层的理念。一方面，涉及工作本位学习的考核方式是参与的力量多元，通常由学校企业和学生共同完成结果的鉴定与评价，并且考核过程是全过程考核，从学习开始直至学习之末，全程有不同的考试方法来检测学生的能力掌握与技能习得。这样的测评方式对于学生是否能够真正实习到有关的知识与能力，检测学生学习行为的习得以及能力的层次有很重要的作用。评价的目的是检测学习者在企业学习的效果，同时为了能够更好地帮助学习者改进学习习惯与状态，在企业实习时，其学生的学习评价一般都是由企业的领导或者有关部门直接进行指导进行。另一方面，这种考核方式里，学习是在指导老师的帮助和指导下进行的，学习者完成相关的日常工作，学会学习方式，从而保障了学习质量。一般情况下，有专门的教师来担任学生的实习指导者，首先他们会在实习开始之前对学生开展的实习进行介绍与讲解，帮助学生明确实习目的、实习计划以及展开进程，以便学生在实习过程中能够有明确的前进方向。其次，在学生实习的过程之中，还会以多种方式随时跟进学生的实习状况，并且解答学生在实际工作场景中遇到的疑问与难题，帮助学生调整好实习心态，顺利完成自己的实习课程。最后，有些实习指导老师还会进行现场访查，即"place visit"。访查时，学生自行准备好相关内容，老师一般会就学生目前所开展的实习计划的进展、学生在实习过程中撰写的学习日志、学生在实习过程中遇到的收获与体验、企业对于学校的反馈进行检查与指导。这些学生有关于工作过程和工作经验的日记和日志，一般是由工作发展计划、工作日常记录，以及工作反思与总结三部分组成，这些都是能够证明学生在实习期间努力工作，对所遇到的问题进行总结与反思的重要文件，对于学生最后的实习课程的评价分数占据了重要比例，学生一般会在记录中突出表现自己在工作岗位上所表现出来的能力、所承担的工作责任和内容、个人工作发展计划及进展，其间获得的收获与反思，以及在工作岗位和工作场所上取得的其他一系列成绩。

### 三、国外职业教育产教融合教学的主要特征

一般来说，工作本位学习的主要要素有：指导者、学习者、学习内容、学习形式以及学习场所，下文从各要素间关系的角度分析工作本位学习的主要特征。

#### （一）工作与学习同步进行

从字面意思上解释，工作本位就是工作与学习进行联系结合，并采用新的方式对这种学习方式的成果进行展示与评价。从概念上进行解释，就是学生将自己在学校内的学习与自己在企业中的实践进行有机统一，学习的内容与工作类型和工作性质相关，工作方式也会受到自身所学知识的影响，工作与学习相互作用。这种状态的人往往存在双重身份，既是学习知识的人，也是工作的人，"学习者"与"工作者"的身份相互转换，交替进行。因而为了减少学生在双方工作场景中遇到的困难和疑惑，不给学生

带来矛盾性的信息，就需要学校和企业进行深度的配合与合作，保证学生能够在双重身份之间进行顺利衔接。在工作本位学习的进程中，尽管我们可以明确的是工作和学习作为学生的哪些人关注重点，彼此之间是可以相互联系和配合的，但是这并不意味着二者等同。双方可以在促进本职任务完成的同时各自为对方带来有益的成果，但是各自又有自己需要完成的任务和目标以及关注的重点，同时也会产生不同的结果。工作更加注重的是学习生产能力的产生以及效用的发挥，企业在进行产品的供给与产出时，不管生产出来的是具有实体形状的产品，还是提供的无形的服务，不管是发生在当下的事情，还是为未来提供相关的产品及服务，工作的本质都是一种生产过程，应该以生产为重。而学习却重视知识的习得与技能的获得，系统的来说是想要培养学生发现问题、解决问题的能力，强调学生利用有意识地建构去架构知识提升技能。因此，学校和企业在开展工作本位学习时，应该正确处理好"学"和"工"的关系，"工"为"学"打下了良好的实践基础与经验，"学"为"工"提供了坚实的理论基础及依据，双方在发展的过程中应该相互促进和谐共生。在这一关系基础上，企业和学校要把握好工学结合的发展进程与发展方向，学生也要明确自身的学习任务和身份定位，从而使整个工作学习的过程能够收获最大的效益。

（二）知识与经验现场整合

学习通常被认为是获取知识、接受知识的过程，但从真正意义上讲，学习活动的展开，不只针对于知识的习得，知识的获取是学习的一个重要内容，但除此之外学习更多的是学习者在个体主体意识的前提下通过主动的练习或者是反复经验，从而产生了自己在某个行为方面发生的较为持久的变化。较为稳定的行为的变化，除了知识技能的获取之外，还包括品德的形成，以及身心的发展。在学校教育中，先前累积的相关知识被编撰成一套科学体系化的课程体系，从而能够让教师用各种语言与方法教授给学生，这是学习活动发生的基本条件。同样地，在工作本位的学习当中，在具体的工作岗位上所需要的知识和技能，也是需要具有一定的载体而能够被呈现出来的，这些知识与技能能够在工作场所上被学习者识别并且激活，从而能够得到相应的理解与获得，并且所有的工作场景都包含产生潜在知识与技能的可能性。在工作岗位上产生的知识与平时在学校中获取的知识是具有很大的不同，当我们将这两类知识称之为陈述性知识和程序性知识，或者在这两类知识基础上，更加衍生出来的学术性知识和应用性知识。工作本位学习作为职业教育的一种重要学习方式，其关注的重点应该是职业领域的本职，知识类型也就是我们所说的程序性知识或者是升级化的应用型知识，简单点来说就是实践知识。想要获取这种知识，除了在书本学习之外，更多的是需要在其放到具体的场景当中得到展示、理解、运用与实践。但这并不意味着学术性知识与应用型知识是分道相驰、背道而行，所有一切应用型知识的来源，都应该以学术性知识为理论基础，学术性知识能够让学生更加理解应用型知识背后的科学原理以及本质内涵，同时验证知识的应用也能够更好地帮助学生加深对学术性知识的理解，二者是相互促进的关系。

那么在工作本位学习当中，不管是教师还是学习者，应该将应用型知识放在本位，而不是再像在学校教育当中接受一些具有固定的标准化体系的固有知识，学习者能够将自己所学到的理论知识与现场的工作经验相结合，将知识转化成解决问题的能力，成为一名高效率的工作者。将实践工作中获取的经验、实践中产生的知识与教授的专业知识相协调，形成系统的知识架构，开发工作环境中学习的相应课程，这就是工作本位学习当中课程的来源。由于学校教育和现场工作的工作场景和方式就有很大的差异，所以即使是同样的知识，在这两种场合当中也应该采取不同的表达方式，以便帮助学习者更加灵活地理解与运用。而且这种应用型的知识具有很大的复杂性和弹性，很难做到像学程序性知识那样被开发成科学系统的体系知识，所以在开发设计工作本位学习的课程中，往往需要职业院校的老师、企业的工作人员以及学生共同商榷，尤其是需要参考具有丰富从业经验的行业专家的指导，而学校教师应该更多地想办法，如何将这些知识整合、更新与升级，帮助学生更好地学习。

（三）学习者与指导者相互配合

工作本位学习是否能取得成功，该学习模式的效果高低，还需要看各方参与人员是否能够开展积极的配合与协调。参加工作本位学习的学生

第四章　职业教育产教融合的教学分析

一般有两种身份，既是学生，又是工作者，但本质上，"学生"才是他们的本职。人们长期的观念和潜意识中，似乎总是将学习与书本联系起来，将学习与课堂、校园联系起来，似乎缺乏了书本，离开了校园，就不是真正的学习。由于在工作本位上进行学习的学生脱离了传统的对于学生的标准，会让其对自己的身份产生错觉，认为自己更多的是企业的工作职员，而非传统意义上的学生，因此，他们不再用之前的学生标准约束自己的行为，似乎感觉自己有了更多的自主空间。这一身份认识的误区会加深教师对于学生的指导、管理的难度。值得注意的是，工作本位的学习并不意味着学习者脱离了"学生"的身份，相反，学习者更应该意识到自己双重身份比例的合理分配，及时调整自己的心态，以适应新的学习环境和学习方式。同时学校在工作岗位过程中的身份也发生了转化，从之前知识的传授者更多地变成了学习的促进者，对自己的身份和层次有了更高的标准和更高要求，身份的提升不是丧失对知识的权威。因此在学生进入企业进行工作本位的学习时，学校必须会安排专门的指导教师，对于学生进行全程的管理、指导、跟踪与服务，以防止学生在工作场所上出现意外的情况，帮助学生解决企业在学习场所当中遇到的困难和问题。

学校需要积极和企业之间开展配合与协调工作，共同开展学生的教育教学工作，学校教学进度应当与企业生产进度同步，学校管理要求应当与企业管理要求相匹配。同时，企业应该积极承担自己的责任和义务，为参加工作本位学习的学生提供学习的场所和设施设备，更好地促进双方的合作效益，也需要做到积极地与学校开展沟通，与学习者开展交流，给予学校和学生及时的信息反馈，做好后勤保障工作，并且确保在传授相关的知识与技能时，要与原先学生的课程知识没有冲突，教授适合学生的职业特色信息，来帮助学生更好地理解工作过程以及对自己未来职业身份的认同。

# 第三节 职业教育产教融合教学的优化策略

## 一、以实践教学改革为契机，推进工作本位学习

### （一）优化人才培养方案，树立工作本位的学习理念

在教育领域中，人才培养方案是具有指导性和规范性的文件，用于落实党和国家有关人才培养总体要求、专业定位和课程设置等方面的规定，为教学工作提供指导。人才培养方案涉及课程体系、知识的科学合理性、知识的呈现方式和学习顺序等方面的内容，比知识本身更具重要性。目前，高等职业教育已形成了多种体系化的人才培养模式，如订单式培养、校企合作办学、工学交替、半工半学、学期（年）交叉模式、顶岗实习、课堂实训一体化、"毕业证+职业资格证"双证融合等。

为了将工作本位学习理念融入人才培养方案中，我们需要深入研究，加强实践和实训的内容，优化实践教学课程，精细化课时安排，将重点放在综合性强的实验和实训课程上。同时，需要调整人才培养方案中理论学习和实践学习的比例，以更好地支持工作本位学习模式的整体设计思路。通过这些措施，可以提升人才培养方案的实效性和适应性，更好地满足工作本位学习的需求。

### （二）更新实践教学模式，拓展工作本位的学习场所

依据工作本位学习理念，在高职人才培养方案中提升实践教学的占比，不能只依靠传统模式，如顶岗实习、校企合作等，还必须结合本校的特色专业的亮点，深入市场调查，让实践教学不断贴合市场最新要求，不断创新发展，才能高水准地达到人才培养的目的。当前，高校有着多样化的实训基地和实训模式，主要是通过搭建真实的职业场景、展现实际的工作内容和形式，来设计与呈现教学活动。学生在真正完成任务的同时，将工作过程中所获取的知识与能力进行转化，最终形成自身的职业技能。

常见的实践场所有车间模式实训室和理实一体化模式实训室，这两种模

式都拓展了工作本位学习场所，有利于实践模式更新。车间模式实训室的特征是能够营造出和工作岗位相符合的环境，学生在职业场景中训练技能、学习知识，这样的环境对学生职业能力的形成和提升十分有利。"理实一体化模式"即理论实践一体化的教学模式，这种实训室侧重于工作过程，师生双方边教、边学、边做，以工作过程为导向，理论和实践交替进行，能充分调动学生学习兴趣和学习积极性。职业院校的管理者，应当着眼于职业教育的本质与内涵，遵循教育活动的基本规律，秉承一切都是为了锻炼学生的技术技能与形成职业能力的原则，工学结合，资源共享地选择实训设备，进行实训基地的建设。而不是按照普通教育的特点将书本上的知识系统地传授给学生，或者根据书本知识开展实习实训。须重视建设特色化的实验基地，打造职业院校特色实践场所，从而凸显职业教育的特点。

## 二、以工作过程为指导，开展工作本位学习

我们确认了某个专业的人才培养方案后，就可以在其专业课程中开发学习资料，从而实施工作本位学习。在传统的职业教育中，专业课程一般被分为专业基础课和专业课，又或者称为专业理论课和专业实践课，把理论与实践人为地分割开来，对学生系统地掌握知识有一定的不利影响。针对不同专业的人才培养方案，开展工作本位学习，要细致深入地调整、重构传统课程的知识体系。

### （一）基于职业标准，重构工作本位学习知识体系

职业教育的课程结构涵义有三层：一是体系结构，是指某专业设置的课程及课程之间的组合关系，也就是按照什么逻辑设置课程；二是内容结构，是指某类课程的内部知识采取的组织方式；三是教学顺序，是指教师按照什么逻辑顺序开展教学。[1]高等职业学校教育中的课程体系，须满足"高等性""职业性"这两个要求。实施工作本位学习，仍要做到遵循高等教育的一般规律，注意保持公共基础课程所占的课时比例，这类公共基础课程对培

---

[1] 胡莹莹. 工作本位学习策略研究[D]. 长沙：湖南师范大学，2009.

养当代大学生的综合素养至关重要，涉及身体、思想、心理素质等方面的内容。与此同时，高职教育必须改革专业课程，改变固有模式，将工作本位学习的思想贯穿其中，以提升学生职业技能为主旨，以专业课程教学和专业课程改革为切入点，建构新型的高职教育的知识体系。

国家职业标准，即国家职业技能标准，是推行职业资格证书制度的基础，是开展职业技能培训的依据，也是企业进行人力资源管理的一项重要工具。[1]国家职业技能标准对建立职业资格体系起着导向作用，也是开展一切职业资格认定的先决条件。在全球范围内，许多国家都非常重视职业资格认定，并随着科技进步和职业结构变化，我国的职业标准也逐步与国际接轨。目前，职业资格证书受到广泛认可和重视，其在职业院校改革中发挥着重要作用，例如"双证融通""课程置换"等形式已较为常见。职业院校通过与职业资格证书的对接，使学生在获得学历的同时也能获得相应的职业资格认定，提升了学生就业竞争力。此外，课程置换的方式也使学生在学习过程中能够更好地融入实际工作需求，增强实践能力和就业适应性。

所以，在工作本位学习模式中，应当依据相关职业标准，基于模块课程、情境教学课程等课程模式，建构完善的工作本位学习知识体系。根据人才培养方案中，工作本位学习策略研究规格的职业特点，特别是相关的职业标准，以过程描述行动，以岗位职责进行职业能力分析，对工作过程中涉及的专业知识、操作技能、职业情境、工作产出和评价标准一一进行分析，来设计包括知识和能力融合的学习内容，从而重构了高职人才培养的行动体系。

（二）基于工作过程，优化工作本位学习情境设计

所谓"工作过程"，是指企业当中的工作人员为了完成某一项工作任务并取得工作成果而展开的一套完整流畅的程序活动。每一套程序基本由工作人员、工具、产品和行动四个要素构成。一般的产品的产生可能只需要一个简单的工作程序，但当涉及生产复杂的产品时，可能就需要将多个小的工作程序组合排列起来形成一套完整的"工作过程系统"。工作过

---

[1] 胡莹莹. 工作本位学习策略研究[D]. 长沙：湖南师范大学，2009.

## 第四章 职业教育产教融合的教学分析

程系统化课程就是在分解生产一个复杂产品的过程之后确定学习单元与学习任务后，根据这些学习单元而分门别类地展开，以为培养学生工作能力为主的一种课程方案。这样的课程体系，重视学生在工作场景中直接经验的感受与获得，同时能够在工作现场中获取有关生产活动的最新知识与技能。在工作过程系统化课程的教学之中，学生首先需要对自己未来所从事的工作场所、工作内容、工作产品有一个初步的认识，这种认识往往是表面而感性的，大致了解与自己工作过程有关的知识，然后再开展专业知识的学习。与普通教育不同，学生在这个过程中获取的知识都是非常具体而有针对性，知识始终与具体的工作实践活动相对应，所学到的内容不再是过于理论化、空泛化的内容。

在分析工作过程后，接下来，要考虑如何更好地优化工作本位学习的情境设计。首先是场地。场地一般是越大越好，但各学校的场地都是很有限的，如何做好场地的布置呢？在工具与设备的摆放方面，要做到充分利用空间，发挥空间优势。常见的方法是，货架靠着墙边放置，小货架用来进行区域隔离，充当隔离墙，不仅能够存储货物，还能起到分区管理的作用。空间十分有限的情况下，还可以选择把设备做成可移动式，操作时移动到指定的位置。其次是安全。对于企业而言，操作安全是一个极其重要的问题，也值得高度关注。对于学习者来说，操作安全更是一个关键问题。因为操作安全不仅直接关系到使用者的人身安全，同时也对实训基地的发展产生影响。企业必须确保在工作环境中采取必要的安全措施和防护措施，以保护员工和学习者的人身安全。这包括提供必要的个人防护装备、培训员工和学习者有关安全操作的知识和技能，以及设立标识和警示标识，明确危险区域和操作规程。对学习者而言，他们需要严格遵守操作安全规范和操作流程，正确使用设备和工具，遵守操作要求，以保证自己的安全和周围人的安全。学习者应该接受相应的安全培训，并时刻注意自身安全意识的培养。对于实训基地的发展来说，操作安全的重视不仅能够保护员工和学习者的安全，还能够提高实训基地的声誉和吸引力。安全意识和安全管理的良好实践将增强企业的形象，为实训基地的可持续发展奠定基础。特别是进行某些危险程度较高的操作时，如带电作业、操作过程中有污染材料、操作中与汽油、柴油等易燃物打交道等。安全问题须企业、实训基地的导师不断跟学习者强调，树立安全意识。最后是指导。设计的情境中，要便于指导教师的巡查和巡回指导。学习者在实践过程中，必须有一定的操作空间和方便人行动回旋的余地，且不会妨碍其他人的操作。导师需要时常地监管、指导学习者，场地中不能有遮挡死角，最好能清晰看见学生的操作，以便纠正学生的错误操作，并能够对学生提问及时回应和解答。

### （三）以工作任务为单元，设计工作本位学习流程

进行工作本位学习，一般来说，学习者须具有一定的专业知识，开展一定的专业基础课程。但值得注意的是，并不能简单地将专业基础课程教学等同于教室教学，并且也不一定非要划分专业课前与课后这种固定模式。而是在学习专业课程的同时开展工作本位学习，穿插进行。且根据专业需要，可以将部分专业基础课的课时调整为工作本位的学习课时，学习才有事半功倍的成效。将专业课程分解一部分内容为工作本位学习，课程的核心任务是培养学生职业能力，管理者要融入核心任务，规划好学习目标，设计好学习内容，合理分配学习时间。

学生想完成从"初学者"转变为"专家"的职业成长，需要在已经学习了对于完成工作任务有非常重要的应用知识的基础之上进行，这些知识也是设计工作本位学习资料，或者设计学习的首选知识。这些知识通常以学习项目或者任务书的形式展现出来，他们不一定是该专业学科体系的整本教材，可以单独成册或者若干合册。文件内容须基于职业标准，对其分析、分解[1]，依据教育心理学知识，对内容进行分类，学术性的经验性知识和应用性知识的事实相联系，并增添具有理解性、论证性的知识。在文件编写过程中，要特别注意两点，一是以工作任务为驱动，引发学习者对专业知识的理解，并加以实践；二是以工作产品为引领，指导工作任务开展。须制订学时计划，包括对工作任务的详细描述。一个完整工作任务的知识负载要尽量均匀地分配在每个学时里，具体包括：学习目标、工作任

---

[1] 胡莹莹. 工作本位学习策略研究[D]. 长沙：湖南师范大学，2009.

务、实践操作、问题探究、知识拓展、练习共6个内容[①]。工作本位学习的实施流程是按照工作逻辑，采取结构思维进行设计。

自主学习是现代教学中我们大力提倡的一种学习方式，自主学习能够让学生更好地针对自己的实际情况，对自己的学习做出计划安排，同时能够随时调整与改进。同时，自主学习的参与性要求学习者能够融入集体工作中，与大家进行沟通、交流与合作，齐心协力共同完成一项任务，并培养对社会的责任意识和义务感。最后，在工作的环境中学习，学习者要具备自制力和自我约束力，能够自我监控和自我调节学习的过程、方法和时间。学习者可以就工作中的具体内容提出问题，这可以反映出他们在工作本位学习中具有主体性。解决这些问题体现了学习者将所学知识应用于实际工作，这是他们发展职业能力和培养技能的一个重要方面。因此，工作本位学习支持问题学习策略，让指导老师细心挖掘并擅长引导培养出学习者的问题意识，并创造一个合作环境，而学习者则能够探索问题并找到解决方案。学习者需要战胜思维定式，寻求更简单、更有效的工作方式，与工作伙伴和学习同伴进行交流与合作。工作情境为学习者开放了更多的工作要素，提供了更多的机会发现问题，这种问题学习策略的使用会逐渐发展成为学习者以后在职业生活中可以使用的技能和方法。最后，在开展工作本位学习期间，指导老师应充分利用最新的现代化教学技术，将一系列有关学生进行学习的课堂内容与课外辅导资料发布在资源共享平台，方便学生即使在课堂外也能及时地进行学习与查漏补缺，共同分享高质量的学习资源，使学生可以有机会通过网络完成业余学习和继续学习。

## 四、以质量管理为重点，评估工作本位学习

现实工作中，我国职业教育的实践教育工作其实是面临诸多困境，校企合作的水平和深度，产教融合的程度远远低于德国、英国等发达国家，展开质量参差不齐，甚至少数企业还会借着实习压榨学生的劳动力价值。

---

[①] 胡莹莹. 工作本位学习策略研究[D]. 长沙：湖南师范大学，2009.

进一步分析研究，发现目前部分院校还未建立起真正高效科学的实践教学管理体系，真正对学生的实习起到管理和协调作用的，通常是实习指导教师的责任感和自觉意识，有的甚至是学生通过自己的力量联系实践单位，整个实践教学充满着不确定性和不安全因素，这样，实践教学的质量就很难保证。对学生的实践教学进行日常质量的监控与管理是保证学生工作本位学习质量的重要依据。

### （一）明确工作本位学习的质量目标

在衡量高职教育人才培养的质量上，有一个很重要的评价标准，那就是用人单位的满意度，这是由劳动力市场需求所决定的。在工作情境中，通常能够将劳动力所拥有的知识与能力，与他们所从事的岗位工作任务相匹配。因此，工作本位学习的质量目标应是发展学习者的综合职业能力。同时，从工作本位学习的场地提供者，也就是职业院校实训部门和企业的角度来看，因为某些职业的特殊性，往往其开展工作和实操的实训基地或者是项目都是非常昂贵的，需要花费巨大的成本代价。如果操作不当，可能会给企业带来很大的损失。还有一些企业出于考虑保护自己商业机密的目的，未将成本配方或者是隐秘信息当中的某些专业术语让实习者知道，而使用代号代替，这就需要实习学生在参加工作时仔细认真。能够进行有效的沟通和科学的管理，是学校和企业双方进行密切友好合作的前提，并且，站在学校生存和长期发展的角度，学生质量就是学校对外的招牌。故为了在进行工作本位学习时实现高质量的目标要求，首先是要将学习者在学校所学习到的知识与技能与学生在工作场所需要的职业能力进行一定的联系和转化，培养学生完成实际工作任务的能力。同时针对工作任务的特殊性和真实性，注重学生职业道德的培养，学生的保密、安全和效率意识也应得到重视，应摆在重要位置。

### （二）建立工作本位学习的质量管理系统

工作本位学习的质量管理体系必须涵盖组织架构与相关的规定章程。首先，可以选择职业院校负责学生实践培训的校领导和系领导2~3人，实践培训基地岗位的1~2名管理人员组成一个管理小组。这个小组负责运转资金的宏观分配，负责企业文化、学生档案的管理和监督管理校企教师资质等，并负责检测和评价教学质量、教学效果、实习教师和学习成果。最后，可以将学生分成几个小组，每个小组的组长负责检查和监督本组的学生业务，副组长负责考勤和安全。通过这种方式，建立了一个三级管理结构，全面监督教学过程。同时，为确保工作活动的顺利运行，规章制度是必要的。在工作本位学习中，学徒具有双重身份，不仅要在企业中完成具体的生产任务，还要完成学习任务，而需要管理的任务必须做书面形式规定。在企业中，对学生的管理需要体现人情味，但没有制度基础的人性化是无法实现管理目标的。因此，需要制定与实际培训要求相匹配的规章制度，包括学生见习工作行为准则、学生见习考核管理办法以及对师徒帮学激励措施。制度化管理能最大限度地精简双方的工作程序和操作规范，使双方形式有章可循，明确分配工作本位学习的任务，权责分明。

提前把控在工作本位学习实施活动的输入端，目的是确保开展的学习活动需要的各种资源和资格可以符合规定。具体意味着人力和财政资源、物质资料需要合乎特定的质量要求，并能及时提供。例如，对进入工作本位学习场地的学习者进行的质量遴选和示警。这可以通过选拔测试、预先分组、委任小组长以及制定设备保管的轮流责任制和安全监控。应确保及时收集学生在实践期间报告的信息和问题，及时上传到实践教学中心以及教务中心建立实训档案，帮助以后实习实训工作的展开。通过工作学习前的动员会，把实习获得的经验和教训传达给学习者，使他们能以比在教学实训时更认真、更专注的心态迅速适应生产工作的角色，这一点非常重要。

过程控制包括观察、审查和纠正正在进行的生产（学习）活动中的偏差，确保活动按照规定的程序和方法进行。除了管理团队成员之外，指导老师需要认真履行的工作和责任是双重确保"生产新人"——学习者和设备的安全。监测这一过程是困难且复杂的，因为有许多因素影响它。管理人员和指导者需要保持警惕和小心翼翼，不能在出问题时匆匆处理。只要有可能，该过程的监控应保证管理人员一起在现场进行，以便协助指导者能够提供业务指导并监测每个组织结构的效率。整个控制过程中的控制有效性在很大程度上取决于生产的具体强度和复杂性，也取决于一线管理人员和指导者的个人素质和作风。这个环节需要管理者和指导者丰富的工作经验，并对工作流程非常熟悉。

成果监控控制也被称为事后监控，产生于工作学习本位的输出端，并通过考量和校正系统输出以确保符合特定标准。在传统学校的教学成果质量管理中，学校管理者淘汰不合格学生的一种方式是成果控制，比如留级、延迟毕业等。在工作本位学习中，成果控制被尽可能在积极的意义上使用，比如广告宣传"包教包会"的机构。这也需要考虑到具体专业和企业的生产实际情况，应该要求不合格的人多次听课、观察生产操作过程，而不是让他们继续占据工作岗位，以此避免原材料的浪费、设备的磨损等其他不良后果。

（三）完善相关的评估考核机制

为了不断提高工作本位学习管理效果与质量，需要特别注意对学习者和指导者的评估考核。首先，除了必须测试的技能分之外，学习者最终的成绩应包括多项指标和考核内容，还应该包括学生在工作实习当中展现出来的职业态度、探究创新以及团队合作等方面的分数。学生在工作本位学习期间表现出的自制自律、自我管理、沟通与合作、解决问题、研究和创新等方面的技能构成了综合成绩的评分依据。工作任务的完成情况是最能直接表现工作本位学习成果的。在工作本位学习中，学生通常被分成特定数量的小组，以小组为单位合作完成相关的学习项目。指导者必须对每个小组客观恰当的评价。在这个过程中，指导者需要从企业和工作岗位的角度分析和比较每个小组的表现和任务完成情况。评价考核可以采取积分记点的形式，如，第一名可以得到5个点，然后是4点、3点、2.5点、2点等依次顺序为各个小组积分。工作本位学习结束时，根据综合积分进行评议决定，因为每次积分的点附带的分值并不确定，所以可以激发学生积极认真地执行任务。与此同时，工作本位学习项目中会渐渐出现带有盈利性质的项目专业，参加这些项目可以得到部分"报酬"，或者是在企业有临时招聘或者有合作项目需要遴聘学生时，将学生的积分成绩考虑在内，这样也能有效地激励学生积极认真的态度。

指导教师的评价和考核可以综合教师的自我评价和他人评价。首先教师在回顾自己对于学生在实习实训工作过程中给予的指导和建议，待相关工作进行回忆与总结之后，撰写自述书以综合评价自己的指导和表现情况，提交给学院作为自己的指导总结；同时参考多主体对教师的评价，如学生个体、教学管理部门和用人单位等。根据最终的评价考核结果给予优秀的指导教师奖励。一方面，可以将考核结果划入教师的工作绩效，并与具体的工资待遇挂钩，使教师在实训过程中充分发挥出自己的潜力和责任，提高工作本位学习和实际教学开展的质量；另一方面，与教师的职称评定挂钩。在对指导实习过程中取得优异成绩的教师，或者得到优秀师生评价的指导教师，在职称评定中给予一定的倾斜。在申报职称的条件之中增加一项教师是否拥有指导实习的教学经验与经历。此外，职业院校还可以系统整理并分析所有学生、教师和企业的评价考核结果，从中总结出优秀的经验与不足之处，为实践教学的管理文件和教学章程规定夯实基础，进而不断提高实习指导老师的指导能力和治理能力。

工作本位学习的发展，利于促进职业教育培养的人才质量的提高，进而推动中国学习型社会的发展进程。在本章的研究过程中，笔者从高等职业教育实践者的角度出发，提出了一系列解决当前高等职业教育特别是实践性学习环节中存在的突出问题的对策，从制订实施工作本位学习的人才培养方案出发，做了关于学习内容、学习策略、师生关系、质量监管和考核评价等方面的一些思考和研究。笔者研究目的和意义旨在更新传统的师生职教观念，使得工作本位学习模式掌握实践教育环节的主导权，进而从真正意义上提高我国高等职业教育人才的培养规格培养质量。当然，这只是对工作本位学习理解和思考的一个方面，与国外多维度、多层次的实验和调查研究相比，似乎还不够成熟和完善。还需要阐明的是：工作本位学习并不完美，若是它达到一个极端，失去了教育性的时候，就变成了职业培训。正因如此，这项论题的研究推进还有很大的反思和研究空间，以共同为推动我国高等职业教育的教学改革提供理论和实践的科学依据。

# 第五章　国外职业教育产教融合的经验与借鉴

## 第一节　国外职业教育产教融合的做法与经验借鉴

国外发达国家的职业教育历史悠久，特别是英国、德国等老牌资本主义国家，因为经济发展很早就建立了高等职业教育机构。通过对这些国家的高等职业教育发展历史的分析可以发现，这些国家之所以能够成功发展高等职业教育并为国家的经济社会发展不断培养出专业技术人才，都与它们成功的产教融合密切相关。本章选取德国、美国和澳大利亚等五个国家，分析了他们职业教育产教融合的现状，并总结了成功经验。

### 一、国外职业教育产教融合的现状分析

#### （一）德国职业教育产教融合的现状
1. 德国实施职业教育的机构

职业教育的重要性在德国是受到普遍认可的。德国前总理科尔曾指出，德国人民的文化素质和发达的职业教育是联邦德国如今繁荣昌盛的关键，他揭示出德国科学、技术和经济迅猛发展的奥秘。得益于政府、企业、社会、学校和公民个人的共同奋斗，目前德国已经初步形成了一个从学徒制培训到中等，乃至高等职业教育的全方位、多层次、多功能、多样化的具有复杂结构的完善的体系。在所有实施高等职业教育学校中，高等专科学校是德国高职教育发展的中流砥柱，其他还有技术大学、技术学院以及具有专业性质的高等学校。20世纪90年代，高职院校的数目已达122所，几乎占当时整个德国248所高等院校的一半。因为高等专科学校的主要

任务是培养学生成为实用型、为职业实践做好准备的技术人才,培养出来的毕业生具有较高的社会适应性和良好的就业前景,因而深受德国社会的青睐,至今已发展至177所,在校生近400,000人。技术大学和技术学院的数目不超过50个,在法律上与高职院校具有同等的法人地位。然而,与高等专科学校不同的是,技术大学和技术学院学术性较强,强调理论知识的传授。在修业年限上,平均学习年限为9个学期,实习期为3~12个月,与高职院校的6~8个学期比较,时间也比较长。

此外,德国的高等教育中也存在一类职业教育机构,就是职业学院,职业学院具有特定的职业教育使命。职业学院学生的主要来源是完全中学的毕业生,学生在经过三年的学院理论教育和企业的实践培训后,循序渐进地达到与大学毕业生相同水平和素质的职业资格与学历。近年来职业学院发展迅速,与高等专科学校共同构建成德国高职教育的主体。这两类学校都将产教融合完全贯穿于办学过程之中,形成了"双元制"的产教融合模式。

2. 德国职业教育产教融合的管理架构与人员部署

德国建立了一个相对完善的产教融合管理组织。具体可以分成三大类别:一是由"主管单位"和职业教育委员会(包括州职业教育委员会)对产教融合相关事宜进行严格监督和客观评价。"主管单位"包括行业协会(如工商会、农业协会和手工业协会等)和有代表的自由职业协会,如审计师协会、律师协会和兽医协会。"主管单位"还包括职业教育委员会,该委员是由雇主、雇员和职业学校的教师三方共同组成(每一方都有六人,而老师相当于咨询顾问的角色),主要负责提供并吸纳有关职业教育重要问题的咨询意见:根据《职业培训法》,该委员会有权起草制定关于提供职业教育实施的法律法规。此外,每个州都设立了州职业教育委员会,主要由三个方面的成员构成,分别是雇主、雇员和最高主管当局(其中一半必须是学校教育专家),主要负责就职业教育问题向相应的政府提供咨询,以便推动学校和企业之间的职业教育合作。二是设立联邦职业教育研究所,研究所内部设立一个总委员会,每个总委员会都有一位由联邦总统指定的总书记,总书记有权设立一个为其工作提供咨询建议的专门委员会。除总书记外,总委员会还包括雇主代表、雇员代表、州政府代表(每方派11人)和联邦政府代表(5人),拥有决定研究所事务的权力。此外,以联邦政府、雇主和雇员三方代表(各3人)以及每州代表(均1人)为成员,总委员会下还安排了一个常设的州委员会,州委员会的工作职责主要是将培训条例与州职业学校的教学方案大纲之间的联系合理协调。三是隶属联邦政府的联邦劳动局,其体系包括总部、州劳动局和当地劳动局三级。

3. 德国职业教育产教融合的运行方式

(1)在招生方面,如果高等专科学校录取的是完全中学毕业生,则需要进行一些预科实习,以积累实际工作经验,增强学生的感性知识,满足专业素质要求,为以后的理论学习打下坚实基础。此外,职业学院的学生需要与一家公司或企业签订合约,成为该公司的"准员工",并在职业学校接受教育。同时,与公司签订合同的学生可以得到该公司一定数额的财政补贴。

(2)在师资力量方面,学校的教师团队包括全校的全职老师和来自企业的工程技术人员以及行政管理人员。一般来说,在高等专科学校,兼职教师会多于全职教师,以柏林高等专科学校为例,该校有300名全职教师和500名兼职教师。职业学校的全职教师数量相对而言比较少。

(3)在学校专业建设管理方面,企业和学校是共同合作以完成学校的专业建设工作的。学校的各个专业都成立了一个专门的委员会,主要由来自相应企业和学校的教师组成,负责制订、实施、检查和调整教学方案与课程计划。

(4)在实训器材方面,学生多数时间在企业实习,因此企业主要承担实训器材的组织实施责任。同时,校内拥有现代化的教学设施和优良的教学条件,学生在培训过程中直接接触到的各类仪器、机床等均为企业当下采用或即将购入使用的设备,同时具备了工厂车间、学校实验室的功能,与企业的水平相媲美。

(5)在学生实习方面,学生的实习主要在学校和企业之间交替进行。对于四年制的高等专科学校,学生在企业或公司实习的期限不能低于一年；对于三年制的高职院校，学生在公司或企业实习的时间必须至少为一年半或更长。值得注意的是，德国的公司或企业并不把学生在企业做实习生看作成一种负担；相反，公司还会为他们提供一些培训补贴。企业的这一类行为在德国实行"双元制"的过程中发挥了较大的积极作用。

（6）在考试评价方面，学生能否获得学位或获得与其专业相关的职业资格等级证书，并非学校单方面可以决定的。由于学生的学业是学校与企业合作进行的，因而对学生的学习成绩和技术能力的测试评价也应是由学校与企业合作完成。

（7）在办学资金方面，在德国，这两类职业教育主要由公司资助主要经费。在一些联邦州，职业院校的办学经费大部分都是由企业公司来提供，而且很少得到政府的资助。公司要花50,000~80,000马克来培养一名职业院校学生，但是公司仍认为这是一种非常经济、实用的吸纳人才的方式。

（8）在科学研究方面，高等专科学校和职业学院都是以教学为主，但该两类职业院校的科研水平仍然较高，特别是高等专科学校。它的科学研究最突出的特征就是与企业的协作，并为其提供服务。而许多中小企业没有充足的能力支撑他们培养自己的人才，也没有足够的实力独自进行相关的科学研究，因此，只有将人才培训和科研任务交给职业教育来完成。

4. 德国职业教育产教融合的管理与评估

德国学生可参与的考试分为学校考试、企业考试和职业资格技能证书考试（后者由行业协会组织进行）。其中，一般由学校组织基础理论课程的考试，企业公司自行负责学生在企业培训时的实习，对学生的实习结果进行考察评估，至于考试的内容和形式也由企业的指导老师全权负责安排。此外，在学生撰写毕业论文时也有规定其内容要结合企业的实际情况，以企业内的指导老师为该生的主要导师，校内教师作为学生的辅助导师，由企业与学校共同合作负责完成毕业论文的答辩与最终成绩的评定工作。行业协会统一筹划组织的考试主要是测试和评估学生在某一领域的专业技术能力和技术水平，考核合格者，说明其具有相应职业领域的从业资格。

5. 德国职业教育产教融合的本质特色

"双元制"是德国职业教育体系的突出特征。"双元制"是学校和企业之间分工合作、以企业为主、理论与实践紧密结合、注重实习实训、实践性强的职业教育模式。该模式的本质是："双主体"下的以企业为主导的教育体制、以职业能力和专业技能为核心的培训模式、以市场与社会需要为导向的运作机制。

"双元制"的德文是"Dualayatecn"，英语为"DualesSystem"。即青年在企业中接受专业技术与相关知识的训练，同时在职业院校里学习专业理论与一般文化知识的一种职业教育。它是把企业和学校联系在一起，理论知识和实际操作能力相结合，以培养专业技术人才为目的的职业教育培训制度。

德国的"双元制"源于学徒制，学徒们不但要在工厂中跟着师父学习实际操作技术，而且要到学校去学习所需的理论知识。而学校的课程教学，也是按照相关条例规定，除了要加强职业技能的培训和专业知识的教学之外，还必须提升学徒的普通文化素质。这一"企业"与"学校"的互补的模式，实质上是"双元制"职业教育的雏形。"二战"以后，德国不但恢复了职业技术教育，还将其作为"秘密武器"，促进了德国的经济发展。

（1）"双元制"的基本含义

①"双元制"的结构特征

一是由民营企业和公立职业学校合作负责学徒的职业培训。1969年8月14日的《联邦职业培训法》和其他相关法律法规规定，由国家政府相关部门对企业培训进行统一的组织管理。而各州政府通过设定"学校法"来管理职业学校的教学。各州对包括职业学校在内的所有类型的学校在其文化教育主权范围内实行自治管理。"双元制"的根本内涵就是企业与职业学校联合培养技术工人。

二是"双元制"的培训地点是一种复数制度（pluralesSystem），每一个青少年都拥有两种身份：一个是在企业公司里受训的学徒，另一个是在职业学校接受教育的学生。因此，他们既要与企业签订教育培训合约，还要遵循由国家颁布施行的义务教育法的规定。

②"双元制"的法律根据

两种并行的教育制度作为法律构思。一方面，德国是一个联邦国家，它实行地方分权制来管理教育，各州政府拥有与学校教育有关的立法权力；另一方面，联邦政府负责监管职业培训。根据《联邦职业教育法》，青少年在由政府鉴定批准通过的培训机构进行学习，需要与公司签订协议，成为学员；但是同一时间段内也必须上职业学校，这不是根据与职业教育有关的司法合同内容确定的，而是根据各州的义务教育法来制定的。在完成义务教育后，未满18周岁的青少年，若无升学就读打算，必须在职业学校接受三年的职业教育。无论是否有学徒身份，青年都要在职业学校学习基本的职业知识和接受实践培训。

③"双元制"的职业教学方法构想

"双元制"至少有企业和职业学校两个学习场地：两个场所的学习培训任务都是按照企业的训练大纲和职业学校的课程方案安排来保证完成的，这两者分工明确。但是，企业注重的是实践，而职业院校注重的是理论。其实，企业的实习实训与学校的专业基础理论学习并不是完全分离的。在企业，除了有工作和学习场所之外，还安排了教学车间与教室，结合现实情况来进行理论上的指导；在职业学校，除了课堂教学之外，还设有教育车间和实验室，让学生把所学到的理论知识运用到实际操作中，以确保联合培养人才的质量。

（2）德国"双元制"职业教育的具体做法

"双元制"是指职业学校与企业在国家所制定的相关法规的框架内，通过分工协作，实现对人才的培养训练的一种教育模式，而非学校、企业两个学习场所。在更高的层次上看，双元制不仅是一种教育模式，更是一种与其他国家截然不同的教育体制。它实质上是一个由国家有关教育法规来管理的巨大的教育体系，体系内包括了联邦经济部或各专业部、文化部长联席会议、联邦教育与科研部、各州文化部、各州学校发展研究院、德国联邦职业教育所（BIBB）、企业和职业学校。下面对德国职业教育"双元制"的实践进行粗略的总结。

一是拥有完善的法制保证。德国通过一套有序的法律体系，规范职业教育，横向连接行业、企业、学校和学生，纵向涵盖联邦政府、各个联邦州和地方政府，这个体系以基本法为准则，基于职业教育法，章程、规章、协议和权威表述等都具有不同的法律效力。德国《职业教育法》《青年劳动保护法》《职业教育促进法》《实训教师资格条例》等相关法律法规都对"双元制"进行了明确的规定,为德国职业教育的顺利运行与发展奠定了基础。例如,说明工业技术、化工两个行业的所有职业与商务营销行业的某些职业须开展"双元制"教育,但须注意的是,这并不代表德国的所有行业涉及的职业都通过"双元制"教育模式进行人才的培养,其中如医疗、护理等行业的人才培养则是采用"全日制"教育模式。德国职业教育法把产教融合作为开展双元制职业教育的基本要求,明确规定了教育与经济、劳动、行业组织共同协商制定职业教育法律、标准规范,共同负责规划决策、组织实施等工作。同时,对各方面的职责、义务、工作方式也做出了具体规定。[①]可以说,"双元制"模式是建立在健全的法制法规基础之上的,并借此取得了巨大的成就。

二是制订统一的培养方案。德国"双元制"教育体制下的人才培养方案包括企业培训规则和职业学校教学计划。企业培训条例制度是由联邦教育与研究部门共同负责,联邦职业教育署制定,联邦经济部或专业部门的部长颁发,并在全国范围内实施。职业学校的教育方案则是根据联邦政府文化部长联席会议制订的框架教学计划,由各州文化部所属的学校发展研究所,组织团队进行开发工作,成员为职业学校的优秀老师和专家,由各州的州长或文化部的部长颁发,各州可以根据自己的特点,每两到三年进行一次修改。各职业学校、跨企业培训机构和企业公司在研读教学计划后,撰写教学大纲、教学任务等,并进行下一步的组织实施,授课计划可由各学校自行制订。

三是实行统一的考试制度。凡是在职业院校就读的学生,都要参加国家统一组织的职业水平资格考试,也就是IHK考试。IHK考试是德国工商总会或手工业协会负责编写试题,根据企业的技术人才现实需要,制定测试的内容和标准,统一命题并组织实施考试。德国工商协会代表的是企业公司的需要,不直接参与教学,只负责考试工作,因此,只有通过IHK考试后

---

① 陈东辉,曲嘉. 全领域构建协同创新平台推进产教融合——以上海应用技术大学为例[J]. 学理论,2017,(11),177–179.

取得IHK职业资格证书的人才可以顺利毕业。这样可以保证所有的职业资格证书都具有权威性，其认证的职业资格和专业水平获得普遍认可，可以在德国甚至欧洲范围内通用。

四是教师准入制度的严格性。在德国，要成为一名职业学校的老师，需要进行长时间的专业训练和职业教师培训。一般来说，从18岁开始，一个人要接受3～5年的职业教育，然后是五年的综合大学学习，其中有三年的学士和两年的硕士学位学习，主要学习的专业内容有三个部分，分别是与某个职业领域有关的专业（第一专业）、普通教育专业（第二专业）、教育学和心理学（第三专业）。另外，还须经过两年的实习培训期，才能最终获得教师资格证书。简而言之，一个人大概要到30岁时才能成为一名职业学校的老师。其中，萨克森州的职业学校老师，尽管没有公务员的身份，却享有公务员的待遇，同州政府直接签约，与其所在的职业学校并无直接人事关系。

五是企业方和学生须签订合同。按照德国职业法的相关条例，公司企业加入工商业联合会要交纳会费，而雇员则要接受专业训练。接受"双元制"教育的学生，一般都要与企业签订培训协议。企业可以根据需求挑选合适的职业学校，然后将企业里的学徒送到职业学校进修。学生的学习进修会经历学校、企业培训中心、企业实习等一系列教育过程，学生完成学校教学计划和企业培训中心规定的所有学习任务后，再参加由德国工商业联合会组织的IHK考试，并且考试成绩合格，学生才可以进入企业工作。[①] 所以，毕业生基本上没有就业择业压力，同时学校也无须负担招生和推荐工作岗位的责任。

六是确立明确具体的工作机制。德国相关法律在确立工作机制时，十分注重可操作性，对产教融合工作机制做出了十分明确而具体的规定，包括建立、组成、要求、职责、任务、运行等多方面的内容，为参与运行机制的各方人员提供了切实可行的依据，以保障工作机制的顺利进行。具体

---

① 史晓江. "双元制"教育模式的特点及对我国高职会计专业培养模式的启示[J]. 职业教育（下旬刊），2013，（05）：42-43+47.

来说，德国产教融合的工作机制包括以下内容：第一，由职业教育法以及手工业条例确立联邦职业教育研究所决策委员会、职教（毕业考试）委员会、各州职教委员会、各区域职教委员会；第二，依据《联邦政府与各州文教部关于协调职业教育条例和职业学校框架教学计划工作程序的协商纪要》设立"职业教育条例与职业学校框架教学计划协调委员会"；第三，根据各州的法律确定职业学校咨询委员会；第四，由联邦政府倡导成立职业教育与继续教育联盟。除以上机制外，还有各主管机构中设立的毕业考试委员会、各职业学校内部的咨询委员会和理事会等机构。

6. 德国职业教育产教融合与经济社会环境的关系

纵观世界范围内的职业教育发展历程，职业教育办学模式的发展与演进受到了政治、经济、文化等多种因素的制约与影响。在这些因素中，通常对职业教育办学模式影响最大的是经济因素，特别是各国制定技术战略的不同，对其产业结构、行业结构的形成有一定的影响，从而进一步影响到其职业教育的办学模式的确定。德国在长时间实施多技能、高技能战略的过程中，已经形成了一种尊重技能、重视技术的企业文化。德国产业结构中占据较大比重的产业是机械制造业，是德国经济的主要支柱行业，以中小企业为核心，这些产品往往具有较高的附加值。德国拥有的"双元制"职业教育办学模式，在世界范围内具有典型性、代表性。以"双元制"为依托，为德国产业行业提供了大量高素质的技术和技能人才。

（1）德国双轨制职业教育促进德国经济发展

2008年金融危机严重冲击了全球所有国家的就业形势，陷入经济萧条的欧元区国家、2010年欧洲的债务危机、高失业率（特别是年轻人的高失业率），给各国经济带来了巨大的损失。与其他欧洲国家相比，德国的经济与劳工市场在这场金融危机中的表现令人惊叹。德国经济在2008年金融危机的阴影下遭受创伤，其国内生产总值自2008年四季度以来一直在下滑。2009年，国内生产总值也一直呈现负增长状态，这种状况直到2010年才有所改善。但是在这期间，即使是在经济最低迷的时间段，也就是2009年，德国的劳动力失业比率也只有8.2%，比其他欧洲国家要低很多。

第五章　国外职业教育产教融合的经验与借鉴

根据德国联邦劳动局2015年12月1日公布的数据显示，2015年11月，德国的失业率已经降至6.3%，这个数据是自1991年以来的最低数据。报告中还提到，东德的失业总人数减少了大约8000人，西德减少了大约6000人，与同年10月的6.4%相比，失业总人数减少了大约16,000人；和2014年同时期的数据相比，德国的失业总人数下降了约84,000人。德国中央银行之前曾说，尽管德国受到全球经济发展变缓的影响，出口贸易受挫，但依然具备强劲的经济能动性，就业市场依旧稳定，能够较好地满足国内需求。经济学家安德烈亚斯在他的报告中说：德国的就业市场前景仍然强劲，经济有活力，预计会持续新增就业数量，即使失业率下降，就业率数据仍会持续走高。从2015年11月德国联邦劳动部发布的最新月度报告内容可以看出，德国的失业率从2009—2015年一直呈现下滑趋势。基于2015年9月的月度失业率数据，在整个欧盟的28个国家中，德国的失业率是最低的，只有4.5%。2014年德国的人均年薪为4,1388欧，2015年的人均年薪为5,2000欧，增加了约25.64%。

德国社会的总体失业率在2005年时达到了11.3%这样一个峰值，但是在2014年，这个数字已经被有效地降低了，失业率仅有5.1%。特别是德国15~25岁青少年的失业问题，已得到有效控制和改善。《世界报》在2012年发表的《德国模式的成功是有条件的》一文中指出，"德国模式"在欧债危机的背景下具有一个特点：通过教育促进经济发展，即德国特有的人才培养模式——双元制教育。2014年的德国，25岁以下年轻人的失业率只有7.4%，这是欧洲国家中当时最低失业率。

（2）德国职业教育对产业结构的适应

为了适应工业产业发展的需求，德国的职业教育既重视对专业技术的不懈追求，同时也不断调整教育与行业之间的关系，实现职业教育与产业结构调整和发展相适应的目的。为了满足德国经济发展和产业行业发展的需要，德国的职业教育经历了三次调整，以与产业结构的变化协调一致。

①第一次产业结构调整，职业教育协调跟进

第二次世界大战无疑给德国带来了巨大的损失，三大产业均遭到了重创，国民经济一落千丈，而同一时期，其他邻国的迅速崛起，如英国的发展，给德国带来了巨大的压力，德国发展空间受限。德国政府很快展开产业结构调整，第二产业被置于发展战略中的核心地位，同时通过第二产业带动了其他产业的复苏，经济开始恢复发展。到了20世纪60年代，德国的三大产业结构分别占比53.5%、40.9%和5.5%，从数据中能够看出三大产业中第二产业占据了明显的优势地位。德国经济发展迅速，有些人称其为德国的"经济奇迹"。由于传统的中等层次的职业教育已经无法满足工业发展带来的对专业技术人才素质水平的新要求，而现有职业教育培养出来的人才与产业发展所需的高水平劳动力不相适应，德国立即开展职业教育的改革。以培养高水准的专业的应用型技术人才为首要目标，德国建立了三年制的高等专科学校，也被称为应用技术大学，学校的学生经过三年专门的学习，毕业时就能掌握一定的专业知识和实操技术，从而能够独立地从事相关行业领域内的工作。这对德国职业教育的结构进行了较好的调整，不仅满足了产业对劳动力人才的需要，也促进了德国高等教育体系中的"双元"教育格局的形成与发展。

②第二次产业结构变化，职业教育协调匹配

20世纪70年代之后，随着德国经济的发展，劳动力市场的需求结构发生了改变，第三产业在德国的中心地位日益突出。1975—1980年的5年期间，三大产业结构的比重出现较大变化，第一产业比重下降，从2.9%降至2.2%，第二产业的比重也从47.7%降至44.8%，而第三产业比重上升，从49.4%增至53%，通过数据可以看出，产业结构的重心已经向第三产业倾斜。第三产业的快速发展，使得德国人才需求从第二产业转移到了第三产业，主要为管理人员和服务人员。通过劳动力市场的"晴雨表"，职业教育进行布局调整，重新设置和转移内部重心，从而适应行业产业发展的需求。德国西柏林经济研究所的一项调查数据表明："在1961到1982年间，制造业领域内有40万就业者减少了，而在非生产性行业领域，如技术管理和贸易，则有将近100万就业人数的增长。"在此期间，德国政府通过加强信息技术教育、优化职业教育培训、建立新的职业培训体系等措施，从国家层面提升职业教育和国家产业结构的匹配度，同时压缩低技术传统工业大力促进高科技产业的发展。

③第三次产业结构调整，职业教育适应协调

20世纪90年代以后，德国还在继续进行产业结构的调整，其重点发展产业调整至高新技术产业、高附加值产业和新兴产业等，实施"再工业化"。在这个调整过程中，第一产业的比重降低，第三产业的比重则逐步提高。为了适应以发展新经济为核心的产业结构，在国家干预和市场调配的共同作用下，职业教育政策也随之适应调整。具体措施有为适应新技术的发展扩大专业范围，增设新兴专业，学生不但能掌握技术，还能选择新的专业。为适应产业发展扩大应用技术大学的办学规模，1993—2012年，国内应用技术大学的数量从125所增长至214所，这个数量远远超过了其他类型的大学。德国劳动力资源丰富，也促进了其经济的快速发展，并在全球范围内起到了举足轻重的经济发展带动作用。

7. 当前经济形势变化对德国职业教育产教融合产生的影响

目前，随着经济转型、人工智能技术的迅猛发展，尤其是全球范围内出现的新型冠状病毒引发的肺炎疫情，使得就业问题日益突出。而许多学者和实践专家则认为，职业教育是一种"缓冲器"，可以有效地解决社会上存在的就业问题。要想实现并推动经济的可持续发展，必须有训练有素的技术人员，但是随着人口老龄化程度逐渐提高，德国劳动群体的年龄结构比重不断下降。适宜工作的15~64岁的人口数量，预计到2060年仅有总人口数量的55.6%。结构性失业问题特别突出，例如高学历和低学历人口的就业率分布不均。随着时间的推移，更多的年轻人会选择接受高等教育，也就意味着德国的非技术劳动力增加，这些人在将来有非常大的可能性会失去工作，也更容易遭受失业风险。所以，提供并扩大职业技能提升的途径，能够帮助低技术劳动人员保持或发展他们长期工作的能力，提升劳动市场的活力，将德国置于下一轮科技革命的最前线，其重要性不言而喻，而技能提升则要通过职业教育来实现。尽管经济发展速度慢、失业率高的经济格局会持续一段时间，但是德国相对于世界上其他发达国家，充分发挥了职业教育"缓冲器"的作用，使青年失业率长期保持在低位。2022年1月，德国青年群体的失业率为5.7%，远低于欧盟14%的失业率。在职业教育发展过程中，德国始终坚持以促进就业为原则，为择业人群提供多方位的、优质的就业服务和指导。从实际发展过程来看，德国始终坚持"促进就业"的传统做法，为社会各行各业以及劳动力市场输送合适的技术技能人才。

（1）以"导向性"职业教育促就业：充分发挥制度体系的统筹功能

韦伯（Weber）认为，"政治合理化是现代性的一个主要方面"，他还提到，"政治合理化的程度是职业教育良性发展的一个决定性因素"。德国正是受到这种科学管理理念的影响，构建了一套自上而下、逐级细化的制度体系，实现了职业教育对就业促进的整体协调作用，保证国家权力在职业教育领域的有效执行，形成了一种十分特殊的表现形式。一方面，在监督管理上有区别，德国对职业学校实行地方分权，对企业实行行会组织中央集权，在政策上也有一定的弹性，给各个部门提供了自由设定的空间；另一方面，现行的职业教育体系存在一定的缺陷，例如"双元制"模式下，出现培训岗位不足、弱势群体处境不利等情况时，德国政府将通过多种政策，如财政政策、社会福利政策、劳动力市场政策等，通过调整和制定措施来强化对职业教育体系的干预，充分体现了该制度体系所具有的"导向性"的作用，发挥了制度体系的统筹功能，从而让职业教育与劳动力市场有机结合。

（2）以"公平性"职业教育促就业：为不同就业群体做好服务

伊莱亚斯（Elias）提到，职业教育并非一种剥削式的教育，而是要根据每个人的实际情况和自身需求，通过个人具备的才能和技术，在社会上生存下去，尤其要为其提供持续发展的能力，不管是打破其出身条件的限制，又或是弥补义务教育过程中出现的不如意或失败，这些能促进实现社会公平与公正目标的措施，是职业教育一个显著的特征。德国职业教育的立法重点凸显为致力于消除社会偏见和歧视，促进弱势群体融入社会，保障弱势群体免费学习的机会，或提供低成本学习的机会。通常会从资助宣传活动入手，激发目标群体，对劳动力市场进行干预[1]，为实现社会政治目的搭建坚实的制度基础，保障了职业教育促进社会就业公平正义目标的实

---

[1] 欧阳忠明，王江雁. 何以成为"缓冲器"：德国职业教育促进就业的变迁与坚守[J]. 河北师范大学学报（教育科学版），2022，24（03）：74-83.

现。与此同时，德国还提出了一个"社会教育学"的概念，把它当作是对社会弱势群体社会工作的一种补助，其资助弱势群体的途径包括：设立专项基金、减免培训学费、发放奖金、补贴生活费等。

（3）以"融通性"职业教育促就业：构建促进就业的基本框架

约翰·斯图亚特·密曾经提到："作为实现更高目标的一种手段，任何渴望的东西都是想要的，因为它本身被认为是幸福的一部分，只有当它真正成为快乐的一部分后，它本身才是想要的。"德国社会生产的结构性变化与教育的内涵式发展共同发挥作用，促进德国教育体系内融通机制的建构与改革。各种教育形式能够灵活分流且共存发展，并且还能够终身持续，这种德国职业教育模式是德国教育体系的显著特征，这种优秀的经验值得各国借鉴。此外，国家的资格资历框架等工具，使得整个教育系统能够牢牢把握住职业教育及劳动市场的需求，教育与市场之间形成了较好的联结与匹配。

（二）美国职业教育产教融合的现状

1. 美国实施职业教育的机构

美国政府和社会各阶层都十分重视职业教育，它与欧洲、英、法、德等发达国家的"双轨"教育模式（普通教育和职业教育）不同，在欧洲教育体制的移植和改革下，按照自己的优势和特色，建立了一套"单轨"制教育体系。社区学院以社区为中心，因其服务于社区而被命名为"社区学院"，它是负责美国高等职业教育任务的机构，对美国教育民主化、加速美国教育现代化、推动资本主义发展等社会各方面都产生较大的积极影响。根据现有数据，全美能授予学位的两年制社区学院共有1151所，在校就读的学生共有1040多万名，大约占美国在校大学生总数的44%[①]。这些社区学院与社会服务部门、社会工商企业等机构展开合作，将理论学习和实际训练或实践操作有机结合，已基本形成了"合作教育"的产教融合模式。

1906年，美国的辛辛那提大学和许多大公司合作，对本校27个工程专

---

[①] AlbertLLorenzo.NationalProfileofCommunityCollege：Trends&Statistics.TheHispanicOutlookinHighereducation.Volume11.Number11.2001（12）．转引自：刘兰明．高等职业技术教育办学特色研究[M]．武汉：华中科技大学出版社，2004：80．

业的学生实行"工学交替式"的教育培养模式。即从一年级开始到大学，再到两个月的实习时间，在毕业前的六个月里，专注于大学的教学，并最终完成毕业计划，学校和企业的合作教育从此诞生。合作教育模式以学校为主导，学院负责招收学生并管理学生的学籍。同时，学院和企业签订合作教育计划合同，根据合作教育培养目标，学生本人、教学人员和雇主共同签署训练计划，各类人员分工明确，责权清晰。在学校与企业的合作教育中，职业技术学校的合作是为了给学生提供足够的锻炼机会，提升技术经验，以学生为本；而高等本科教育学校的校企合作更多的是为了推动科技的进步，主要进行科研合作。在合作企业的选择方面，只有通过"市场"筛选机制的、具有一定经济实力的较大型企业，才能参与校企合作，像微软公司、IBM等。

奥巴马政府将促进社区学院的校企合作视为施政要务，其战略思想是：着重推进产教融合，实现校企合作项目群与国家产业群的契合与联动，让其发展成国民应用技术技能培养"新常态"。它既是政府建设"国民应用技术技能培养体系"项目工程中的一个重要组成部分，也是着眼于提升国民技术技能水平、大力发展中产阶级经济、应对全世界人力资源竞争的重要战略决策。代表着经济界呼声，由总统就业与竞争力顾问委员会发布的一份《美国经济复兴路线图》中提到，加强社区学院与企业间的协作关系是复兴美国经济的一项重要举措。

合作教育经过数次调整，现已形成以校方为主体的合作办学，由学校按所设置的专业需求联络有关企业，再由双方签署协议，明确各方角色的权利及义务。学校方派老师前往企业指导和监督学生的技术劳动，并就学校与企业双方的需求展开交流。企业方向学生提供专门的劳动岗位，并支付一定的劳动报酬。企业也会派遣管理人员，他们负责带领学生熟悉工作岗位，指导学生安全作业，确定学生培训完成后应具备的知识和实践技能。他们和学校老师共同评估学生在企业的工作情况、工作态度、劳动成果数量及质量。在实训分配方面，学生在学校和公司的劳动比例约为1∶1，方式是灵活多变的。

## 第五章　国外职业教育产教融合的经验与借鉴

2. 美国职业教育产教融合的管理机构

为了更好地实现职业教育产教融合，美国政府分别设立了高等教育委员会和社区学院委员会，各州长负责任命委员会的成员，各州约有10名，其中大部分是各州教育界、企业界的代表。此外，还设立了美国高校大学-企业委员会，主要负责协调学生、学校、企业三者的关系，并对产教融合涉及的问题和进程进行监管；美国的每一所合作办学的学校都会设立一个专门的部门——合作教育部，这个部门不仅负责物色合作方，作为学校代表与用人企业联络、沟通、谈判、签约，负责安排和组织合作教育，还承担学生的就业指导工作，协调学生、学校和企业之间的关系[①]。

3. 美国职业教育产教融合的方式

（1）招生：学生来自不同的社会阶层和学习背景，其特点如下：

第一，学习目的的多元化。根据学习目的，社区学院的学生分为三种：一种是为了取得学位，毕业后能够转到大学继续学习，约有30%；第二种，大约有50%，目的是通过职业训练，拿到证书，毕业后工作（通常情况下，只要有了证书，就可以在社区找到工作）；第三种以更新知识，充实提高自己为目的[②]，这些人大部分已经拿到了学位，工作多年，为了以后的发展，比如加薪、升职等，他们多选择没有证书的课程。在这些人当中，还有一小部分的退休者，参与学习不过是为了丰富他们的退休生活。

第二，学生年龄差距比较大。在社区学院就读的学生的年龄跨度较大，从15~70岁都有，其中，约39%的学生年龄低于21岁，约27%的学生年龄处于22~29岁，约33%学生年龄大于30岁，平均年龄为29岁[③]。

第三，学生的教育背景相差悬殊。进入社区学院的学生，以高中毕业生居多，剩下约有20%的学生已获得学士学位，还有大约5%的学生已经获得了硕士甚至博士学位[④]。

---

[①] 沈云慈，刘胜林. 市场机制主导的产教融合模式构建的对比[J]. 职教论坛，2010（2）：6.
[②] 方丛慧. 我国高等职业技术教育产教融合问题与对策研究[D]. 南京：南京理工大学，2005：19.
[③] 刘兰明. 高等职业技术教育办学特色研究[M]. 武汉：华中科技大学出版社，2004：85.
[④] 方丛慧. 我国高等职业技术教育产教融合问题与对策研究[D]. 南京：南京理工大学，2005.

（2）师资队伍建设：在社区学院任职的教师可分为两类：全职教师和兼职教师。其中全职教师10余万人，兼职教师约为19万人[①]。聘请兼职老师有两个主要原因，一方面，兼职老师通常具有丰富的实习经历和较高的实际操作技能，在很多场合下，能教授全职教师所不能胜任的实用课程；另一方面，学校也降低了聘请全职教师的成本。

（3）校企合作进行人才培养。具体表现为：学校定期组织教师和学生到企业实习；企业安排员工担任学生的就业指导老师；学校负责为公司雇员提供在职继续教育；企业管理者参与到校内管理，向学校分享管理工作等方面的经验等。

（4）学校基础建设。学校与企业的合作还表现在校方的基础建设方面，比如：企业与校方共同建造实验实训楼；企业向学校捐赠新设备，用于开展实训教学等。除了设施设备，企业还可以通过选派学生、委托办班等方式为学校提供办学经费，作为资金支持。

### （三）澳大利亚职业教育产教融合现状

#### 1. 澳大利亚实施高等职业教育的机构

澳大利亚已经初步形成了一种产教融合的模式——"新学徒制"。这种模式要求学徒和提供学徒训练的雇主，双方必须签署培训协议，并在有关州和区域的培训局登记。"新学徒制"由澳大利亚各州的技术和持续教育学院（TAFE）负责学徒在职业学校内的学习进修，它基本上是一家产教融合的培训机构。到2000年，澳洲共有85所TAFE学院和1132个校区。在升入高等院校的学生中，只有30%的学生选择普通大学，而另外70%的学生都选择到TAFE学院进行学习[②]。澳洲已经基本形成了一种"行业主导型"的模式，行业的主导作用贯穿整个产教融合模式的运行机制中。

#### 2. 澳大利亚高等职业教育产教融合的组织机构及人员安排

澳大利亚国家培训署（ANTA），是澳大利亚政府的一个权威机构，它的职责是管理TAFE，它的组成成员包括政府成员、行业代表以及教育界的

---

① 刘兰明. 高等职业技术教育办学特色研究[M]. 武汉：华中科技大学出版社，2004：86.
② 邓文萍. 高职院校校企合作促进机制研究[D]. 长沙：湖南师范大学，2011.

第五章 国外职业教育产教融合的经验与借鉴

代表,主要负责与职业教育相关的事项,如宏观决策、资金分配、国家培训体系的管理等。此外,由各行各业人士组成的政府与各州的TAFE产业训练咨询委员会、各州TAFE服务中心也有权管理产教融合的各项事宜。

3. 澳大利亚高职产教融合的主要方式

(1)参与制定学校章程。在澳大利亚,产业行业不仅参与TAFE的基础架构建设和主要文档、全国认证框架(Australian Recognition Framework,APF)的制定工作,而且还加入具体课程的开发工作,主要以政府文件的形式发布。行业多方面、多程序的参与,使TAFE的各项标准得以落实,在专业设置、课程结构、教学等方面满足了业界的需要。

(2)直接参与学院行政工作。澳大利亚的TAFE学院基本上都会设立院级董事会,其中董事长以及大多数成员都来自企业,并且是来自生产一线的资深工作人员。一般来说,董事会每个季度召开一次学院会议,讨论的主题一般有学校的规模、基建计划、人员安排、资金筹措、教育产品开发等学校管理方面的各项工作。而且,每一位加入学院的新职员,都需要企业人员把关。

(3)参与师资队伍的建设。澳大利亚几乎每一所TAFE学院的长期教师都需要具备3~5年的企业工作经验,同时行业企业也鼓励员工到学校担任兼职教师,TAFE院校中通常有60%~70%的兼职老师。例如:悉尼TAFE学院有4500名教职员工,其中兼职教师有2500名[1]。大多数的兼职老师都是从事专业相关工作的企业技术人员。此外,学校还会邀请行业内顶尖的专业人士定期到校开展专业技术讲座。与此同时,企业也允许学校老师根据员工管理条例在公司内每学年进行两个星期的工作,并将他们招入行业协会,以保证他们的教学不会偏离现实。

(4)支持实习基地建设。企业还会积极参与学校的实训教学活动,积极协助学校建立实训基地,积极接纳学生实习。另外,各公司亦向学校供应最新的生产设备,以强化校内实习基地的建立,并负责持续更新,以培育新的技术人员。各单位也会协助各校建立一个全国性的虚拟实习公司网

---

[1] 刘兰明. 高等职业技术教育办学特色研究[M]. 武汉:华中科技大学出版社,2004:73.

络，所有的TAFE学院师生均可访问，以实现资源的分享，提升教学效率。

同时，澳大利亚的产教融合也表现在对人才技术技能的投资和培养上。澳大利亚的法律规定，公司要将其工资总额的2%[1]作为培训经费。事实上，澳大利亚的企业已经普遍超过了这一比率。

4. 澳大利亚高职产教融合的评估保障

澳大利亚政府严格按照国家资格框架对TAFE学院进行质量管理，各州都须建立适合自己的质量体系。质量体系中的质量管理，包括培训体系和培训机构的注册及质量认证，培训质量的标准和评估。在TAFE学院，教育品质认证是培训组织的中心工作，而质量制度的标准则要从以下两个方面进行：注册的培训机构（RTO）和质量检测合格获得认证的培训机构（QETO）[2]。

澳大利亚的职业资格认证体系，除质量制度之外，还为实现产教融合提供了更好的保障。现在，澳大利亚人民都认为，取得职业资格证书是一种政策，尽管不是国家政府制定的，但在实践中起到了政策的作业，违背了就等于违法。

此外，澳大利亚除了定期对学校的教学质量进行年度评价之外，全国及各州的行业培训顾问委员会，经常开展问卷调查，了解企业雇主对职业教育与训练的满意度，征求雇主关于产教融合的观点与意见，以持续改进，推动产教融合的长远发展。

### （四）英国职业教育产教融合的现状

在金融危机、欧盟退出、新冠肺炎暴发等一系列全球性问题之后，英国经济发展趋向于对新自由主义的修正，表现出了持续加强政府功能、改善经济质量、引导产业发展的特征。在当前的国际形势下，英国政府在恢复与推动经济发展上面临着两大挑战：第一，以"产业战略"推动经济发展，以促进绿色发展、科技创新、数字经济三大战略来提高经济发展质量，解决20世纪遗留的经济增长质量不高问题；二是通过国家产业行业政

---

[1] 方丛慧. 我国高等职业技术教育产教融合问题与对策研究[D]. 南京：南京理工大学，2005.
[2] 谭佳. 澳大利亚TAFE学院研究[D]. 成都：西南大学，2007.

策，从政府干预产业、完善产业布局、增加产业投资等方面来调整新自由主义对产业发展的自由放任态度，解决20世纪遗留的产业结构失衡问题。这些举措表明了英国政府的经济功能已经发生了很大的转变，国家正在通过进一步强化政府职能，通过政府发布的国家战略，从国家层面做出宏观调控和应对措施，用以促进全国经济增长质量的提升和产业布局的优化，而这也是世界各国的普遍趋势。

1. 以"技能战略"引领职业教育产教融合

自21世纪起，世界各国都认识到了提高技术技能人才的能力与素质对于国家社会进步、经济增长的关键作用，英国也是如此。英国历来重视技术教育和技术训练，自21世纪初期起，英国就采取了"技能战略"，将技能提升作为经济社会发展的优先项，大力加强技术培训、完善成人专业培训、提升成人技术能力、培养高技能综合人才。20多年来，英国在高技能人才培养方面已走过了起步阶段（2000年左右）、稳步发展（2003—2016年）和深化改革（2016年至今）三个时期，基本形成了以"现代学徒制"为核心的人才培养模式，职业教育、技术教育、技能培训等方面的突出成绩，在世界范围内得到了广泛的好评。

在经历了金融危机、欧盟退出、新冠肺炎暴发等一系列重大社会问题之后，英国目前正处在国家发展的转折点，迫切需要发展和提高技术人才的技能水平和专业素质，其目的是提升英国在世界上的影响力和竞争力。鉴于后脱欧时期以及疫情期间高技能人才紧缺的情况，英国政府在2021年1月发布了白皮书《就业技能：终身学习的机会和成长》，旨在从国家战略角度对英国技能策略进行重新修订，以追求高新技能，并进一步注重高技能人才的培训，以及改革移民和国际教育策略，以扩大高技能人才的来源，减轻英国高技能人才的紧缺状况，从而使英国走上"高工资、高技能、高生产力、低税收"的新道路。该战略的颁布，既顺应了21世纪国际教育发展的大潮流，也是对英国技能战略的一种延续，解决了国内技能发展的现实难题，同时还为英国的大国地位提供了有力保障，促进了英国技能人才培训的蓬勃发展。

2. 革新教育与培训内容，确立雇主主导的职业教育产教融合体系

"学徒制"是英国目前最重要的技术人才培养方式，但在"学徒制"向"学位学徒制"转变进入高等教育体制后，"学徒制"的"学术自由"还是"雇主主导"问题一直是英国"学徒制"课程权利的辩论焦点。最后，约翰逊政府根据新"技能战略"建立了以企业雇主为主导的技能训练系统，它清楚地要求雇主在几乎所有的学徒制和技术课程中扮演核心角色，制定学徒训练标准，并把它列为"技能战略"的五大战略任务之首。建立以雇主为主体的标准体系，有效简化管理和质量评价工作，以法律保障雇主的领导地位，并为企业提供战略发展资金，这些都保障了雇主在培养人才和技术培训方面的主要角色，确保员工所接受的教育和训练与他们今后从事的工作须具备的能力有直接的关系。

3. 加大技术教育政府投资，完善灵活的职业教育产教融合融资结构

尽管新冠病毒引起的肺炎疫情给英国的公共财政带来了前所未有的困境，但约翰逊政府仍然坚持增加对教育领域的投入，不但扩大了对初等教育的投资，而且在技术教育方面，政府也在不断地加大对其的财政资助以提高整体技术水平，助力职业培训的发展。首先，强调政府为技术教育提供全面的资金支助。英国的技术培训已经形成了以财政拨款为主，企业和学校共同承担的筹资模式。根据"技能战略"，英国政府将设立全国技能基金（National Skills Fund），在资助成年人技能提升、培训和学习新技能等方面投入预算24亿元英镑；为实施新学生教育分包改革方案提供资金4.845亿美元；此外，2020—2021年间，也将投入两亿英镑，以改进进修学校的基础设施，更新技能训练设施。其次，实行弹性的终生信贷资格制度。自2025年起，18岁以上的成年人可以获得4年的贷款，并利用这种灵活的助学资金制度使其根据自身条件和整体经济变化参与培训或再培训，做出合理的选择。

4. 着重教师专业技能培养，激发职业教育产教融合的创新活力

"教师问题"是英国教育改革长久以来的焦点，教师专业发展、教师身份、教师领导力、教师效能等问题成为当前教育领域的热门议题。英国政府在"技能战略"的引导下，将对技能人才培养体系的师资教育进行大规模的

改革。第一，建立以雇主主导的继续教育教学修正标准，以改进教师职前培训，加强督导机制，保证优质的师资培训；第二，进一步推进师资教育的产教融合，聘请专业人才，把教学范围由工作场所扩展到学校，制定新的劳动力行业交流制度，鼓励教育机构与行业产业进行可持续的双向沟通；第三，加强对教师教育的问责制，并对其进行全面的内部风险和外在的质量考核评估，以促使教师教育机构能够适时地对教学方案进行调整和完善，从而提高人才的素质。从2021年4月开始，英国对新学徒制培训、继续教育培训等进行了全面修订更新，从师资方面来激励技术人员的创造活力，对准入门槛进行严格限制，仅允许优质的教师教育培训机构提供服务。

5. 推行技术教育的精准有效问责，增强产教融合的规范治理效能

需要明确国家政府、学校、雇主培养或培训技能人才的职能职责，制定行之有效的问责制，进一步规范技能培训制度，提高技能人才的培训效果。英国政府在"技能战略"的框架内，对学校、雇主、政府等各方的权利和义务做出了明确的规定。首先，强调用人单位应与各高校保持弹性协作，从2021年开始，各院校每年都要与雇主进行战略对话，就双方涉及的战略目标、风险达成一致。其次，加强对高校的管理。为保证技术技能指导上的公平，设计大学校长和董事会成员的聘用标准。最后，在政府层面，适度加强教育大臣的权力。英国政府高度重视学校和雇主在技能培训中的重要地位，坚持把国家未来的发展作为发展方向，进一步强化教育大臣的权力。

6. 大力倡导数字化和远程学习，实现数字化和产教融合的双向促进

随着全球工业4.0时代的到来，英国政府日益关注将数字经济与科技应用于教育，并提出了充分利用5G、数字技术、人工智能、自动化等先进技术，以改善英国的教育基础设施与体制。在工业4.0时代背景下，英国的高职教育正面临新的挑战，即数字化技术人才的供应短缺，学习者学习机会的减少、学习动机的缺乏，参加人数的减少等。英国政府在这一困境中，一方面积极提倡数字技术与远程教学，利用现代技术支持技术教育与职业培训，以培养具备现代信息能力的高技术人员；另一方面英国政府则希望借由技术教育与专业训练，来培育新的技术人员，其目的是推动科学技术

的更新进步,并把主要精力放在提高国民的素质能力上。英国政府今后将会在网上和线下的培训上投入更多的资金,对技术人员的培训支持系统加以巩固,技能培训预算拨款包括在校学习和在线教育,以学院合作基金的名义为研发数字教学资源系统进行专项投资。

## 二、国外职业教育产教融合有效运行的经验

### (一)制定完备具体的产教融合法律法规

在西方,职业教育的产教融合能够顺利、有效地运作,离不开各发达国家完善的法律和相关教育制度。可以说,德国、美国、澳大利亚等国家,都制定并颁布了一系列规范与推动职业教育改革发展的法律,并且在行业和教育领域的合作方面也做了具体的规定与说明。这些法律制度为推进"产教融合"打下了良好的法制基础。以下通过德国的案例来阐述这一事实。

德国的企业职业培训是由联邦来主导与管理的,而在企业参与到产教融合的部分,德国联邦政府于1969年8月14日颁布了《职业教育法》,明确了企业中技能培训负责者与参与培训的学徒签订的劳动合同中,内容须包括以下几部分:①职业训练的性质、内容、时间安排和目标;②职业培训的起始时间和培训期限;③在培训场地之外进行培训的安排;④日常正规培训的时间范围;⑤试用期;⑥工资的范围;⑦休假相关内容;⑧宣告终止合同的条款。在学校参与产教融合的部分,按照联邦基本法有关规定,各州行使包括职业学校的主管权在内的职业教育管理权。各州都要依据当地实际情况制定相应的学校法(包括职业学校)和义务教育法。学校义务教育法的相关条例规定,在全日制学校接受义务教育(一般为9年,个别州为10年)后,可以接受三年的职业教育,不受年龄限制,《职业教育法》对达到法定年龄的学员接受职业学校义务教育的相关事宜进行规定。

### (二)成立专门的产教融合组织管理机构

在与企业的合作中,发达国家的职业教育部门都建立了专门的产教融合机构,以保障职业教育产教融合的顺利高效实施运行。机构的主要职责有协调学校和企业的关系,监督产教融合的实施,以及教学质量的评价等

工作。德国的组织体制比较完善，因此，笔者拟就德国产教融合管理组织机构的相关内容进行具体的阐述。

德国的产教融合组织和管理机构基本上可以划分为以下三类：

第一类："主管单位"和职业教育委员会。"主管单位"的职责是：①对职业培训的执行进行监督；②受训员工的培训；③认证培训机构的资质；④调整培训期限；⑤成立考试委员会，举行结业考试；⑥准予学员参加毕业考试；⑦制定考试章程；⑧举行中间考试；⑨成立调节机构，调停培训承担人和学员之间的纠纷。"主管单位"下设职业教育委员会，主要负责针对职业教育的重要事宜提供咨询和搜集意见建议。此外，该委员会还根据《职业教育法》制定了有关职业教育的法律条款。

第二类：开设联邦职业教育研究所，其主要职责是：①参与培训章程的起草和职业教育报告的撰写；②参与有关统计工作；③帮助跨国公司进一步规划、建立、发展培训场地；④向联邦政府提供解决有关职业教育问题的建议；⑤按总委员会制订的科研方案开展职业教育研究；⑥对模式实验投以关注；⑦检查和认证函授课程，并就职业教育的函授课程承办者提出建议。

第三类：联邦劳工部，隶属于联邦政府，其职责包括：①就业辅导；②就业引荐；③推进职业教育的发展；④针对残疾人士开展职业技能康复培训；⑤发放失业救济金和失业补贴；⑥针对劳工市场和行业职业设立专门的研究机构，并根据实际情况开展研究。

当然，有部分国家开设了其他的专门机构来处理与教育有关的问题。例如，美国开设了"高等教育委员会""社区学院委员会"以及"美国高校大学–企业委员会"，主要负责处理学校、企业和学生三者之间的关系，以监督与协调产教融合涉及各方的工作。

**（三）产教融合以立足地方、服务地方为原则**

不管是在哪个国家，产教融合都是校企双向互动与整合的过程。但在各国，企业和职业教育的融合方式也不尽相同，进而有着不同的称呼。如德国建立的"双元制"职业教育模式、美国建立的"合作教育"产教融合模式、澳大利亚建立的"行业主导型"产教融合模式等。造成各国产教融合模式多样的原因主要是各国在实行产教融合的同时,均结合各自的特点、现状和优势,进行了富有本土特色的产教融合职业教育以培养技术人才。主要表现在由于国情的差异,各国在实行"产教融合"时,其着重点各不相同,有些国家重心放在行业、企业上,而有些国家则向学校倾斜。德国是一个历史悠久的资本主义国家,它的行会机制在资本主义社会经济发展中扮演了举足轻重的角色,因此,其产教融合中行业协会的地位举足轻重,产教融合工作开展以行业协会为主。澳大利亚的职业教育则大多是仿照英国进行的,在推动产教融合发展的同时,也把重心放在行业协会上。因此,行业协会在上述国家的产教融合全过程中都发挥着重要作用,产教融合较为紧密。美国是一个后起的资本主义国家,它没有行会制度,它的经济发展和其教育是分不开的。所以,在产教融合方面,大都以学校为中心,以最大限度地发挥其优势来推动产教融合的进程,特别是在职业教育科学研究方面。综上所述,不管在什么国家、什么情况下,产教融合都要立足当地,以服务当地经济为中心,这样才能适应自身的发展,顺利开展,并在实施中凸显自己的优势和特色。

### (四)充分调动企业参与产教融合的积极性

产教融合是校企联合办学共同培养人才,离不开学校和企业双方的积极配合与共同努力。西方发达国家的产教融合取得了很好的成效,这离不开其各国行业企业的积极参与。在德国、澳大利亚等以产业为主导实施产教融合的国家,企业的参与几乎贯穿整个学校的人才培养与教学工作中,其参与的积极性之高显而易见。例如:澳大利亚政府制定法律,要求企业提供其工资总额的2%作为培训经费,而事实上,大多数公司已经超过了这一比率[1]。德国职业教育的发展资金大多来源于与企业合作取得的经费,甚至有些州得不到政府的一丁点经费资助。在实习方面,德国公司不但没有将其视为一种额外的负担,反而为实习生提供每月1000~2000马克的训练补贴[2]。可以说,德国的职业教育是在各大企业的大力支持下才得以有力、

---

[1] 方丛慧. 我国高等职业技术教育产教融合问题与对策研究[D]. 南京:南京理工大学,2005.
[2] 方丛慧. 我国高等职业技术教育产教融合问题与对策研究[D]. 南京:南京理工大学,2005.

有效发展。此外，美国的行业企业若处在技术人才的短缺和科研方面的需要，也会积极与校方进行教育合作。

**（五）建立产教融合评估保障制度**

质量对于任何事情的长久存在与发展都是至关重要的。任何东西，如果质量不合格，都不会有长远的发展与进步，职业教育产教融合也不例外。国外发达国家的职业教育之所以能长期良好地进行，并且形成稳定的模式，这与其合作的质量有很大关系。各国都会设立相应的组织监管机构，或者制定相应的法律法规来保障职业教育产教融合的质量。例如：德国设立"主管单位"、职业教育委员会、州职业教育委员会等，负责管理、监督产教融合工作，行业部门也参与学生学业成绩的评定工作，学生同时要参加学校考试和行业协会组织的考试；在澳大利亚，产教融合的质量由全国和州的职业训练咨询委员会来评估鉴定。

## 第二节 国外职业教育产教融合的启示

从前文的分析可以看出，英美两国政策制定程序较为完善，且具有较强的透明度和民主性，这为进一步科学决策奠定了坚实基础。因此，我国也应制定有针对性的政策，完善政策制定过程，构建多元主体参与政策制定协作体系，加强政策制定民主化和透明化建设，提高政策的科学性和影响力。

### 一、制定有针对性的政策，提高政策影响力

**（一）打造规范严谨的政策制定过程**

严格规范的教育政策制定过程，能够保障教育决策的科学性，促进政策的落地实施。英美在职业教育的产教融合政策制定工作中都有较为完善的流程，从政策问题的产生到最终的决策和议案的形成，都需要进行广泛的社会调研，充分的意见和建议的征求，反复的科学研究和论证这些严格的流程。两国政府都依靠这一稳定的公共政策制定流程，使决策者迅速

达成一致，并维护各方的目标达成与利益实现，从而有效地促进了政府的政策决策效率，维护社会环境的稳定与经济发展。为此，我国也要注意加强政策制定的科学性、有效性，这需要构建一套规范、严谨的政策制定程序，在借鉴国外的经验的基础上，可结合自身文化、社会历史、政治体制、经济发展的现实，对政策问题认定、政策议程设立、政策决定、政策文本出台进行全流程把控，建立具有合乎规定性、合理性以及有利于平衡各方利益的政策制定程序制度体系。如从教育问题上升到政策问题的识别，一方面要广泛听取社会各界的意见和建议，如通过讨论会、座谈会等方式；另一方面要对相关的问题进行程序性的文本研究和实践调查，最终形成文本主题报告，使之成为一个值得各方重视、具有价值的政策议题。

（二）构建多元主体参与政策制定协作体系

中国产教融合教育模式、美国合作教育模式和英国"三明治"课程与现代学徒制模式等都是以促进学校与行业企业之间的深入协作实现人才培养目标为目的而形成的。产教融合的良性发展需要政府、学校、企业等多方积极参与，合力推进，制定有关的政策亦是如此。产教融合的政策，最终还是要靠职业院校、企业来贯彻实施。因此，很关键的一点是职业学校、企业在制定规章条例的决策过程中需要掌握一定的话语权，以增强政策的可操作性。如果不这样做，制定出来的政策就很难落实、流于形式，很难真正起到应有的效果。通过对英美职业教育的产教融合政策的梳理和分析，可以发现两国已形成一个由政府、行业企业、职业院校等多种政策主体共同参与的政策制定协调机制。为此，必须重视职业教育的产教融合政策制定主体的多元化。首先，要充分发挥政府在产业政策制定中的统筹与领导作用，增强政策敏感性，及时关注社会、教育领域的发展变化，将亟待解决的教育问题上升为政策问题，并将其纳入教育政策议程，设立专门机构负责政策设计。其次，要健全各利益相关方的参与机制，积极拓展沟通和搭建平台，鼓励教育界、产业界等利益相关方表达自己的真实需要，给予他们一定的参与权和决定权。例如，可以组建一个由教育界、产业界等多方面代表参加的专门机构，在制定过程中充分听取他们的意见，使得职业教育产教融合政策制定能够更加贴近社会经济和产教融合模式的发展实际，贴近学校和行业企业，贴近学生。

### （三）加强政策制定民主化和透明化建设

英美两个国家的决策过程具有一定的民主性和透明性，注重促进民众对政策的了解，并有权参与政策的制定，最终能够有效落实政策的执行工作。为此，我们应该在公共政策的制定过程中，加大透明度和提高民主性，使公众处于一个决策更加透明、更加民主、更加公开的环境中。首先，决策者要树立以人为中心的思想，把"以人为本"的观念贯穿决策的始末，坚持"为人民服务""一切为了人民"的宗旨。其次，要积极抢占新的网络政策宣传阵地，建立更加开放、透明的信息发布平台，扩大政府信息公开程度，比如建立专题政策网站，或充分利用"两微一端"（微博、微信、新闻客户端）等，将政策的制定和实施过程向公众开放，并对颁布的政策内容进行分析，确保公众的知情权和监督权。增加公众和民间团体参与决策的途径，例如建立政策民意窗口，及时听取公众的意见和建议；完善听证制度，科学、合理地选择听证代表，以保证人民群众的参与和表达权利。

## 二、优化政策目标，全面监控政策质量

英美两国政策目标较为明确，一方面旨在完善校企协同育人机制，提高技能型人才培养质量；另一方面则旨在缓解结构性失业矛盾，增强职业教育为社会经济发展服务能力。此外，不同发展阶段，两国具体政策都有具体目标。这对两国产教融合政策的顺利制定、实施和监测意义重大。因此，我国也应优化政策目标，依据社会经济发展最新需求、增强政策目标清晰度、针对性和具体性，全面监控政策质量。

### （一）目标确立应紧扣社会经济发展最新需求

随着全球经济一体化进程的加快，人类已步入知识经济时代，高素质高技能人才的作用日益凸显。职业教育是与经济、社会联系最为紧密的一类教育，特别是其产教融合的教育模式，在人才培养中起着举足轻重的作用。从宏观上来说，英美两国的职业教育都是以当前状况和未来展望为基

础，将促进国家经济发展作为出发点，制定并出台产教融合相关政策的。这两个国家制定相关制度条例时力度大、注重质量，因此已经培养了许多能适应经济社会发展和产业结构转型急缺的综合技术人才。当前，我国经济正处在由高速发展到高质量发展的经济转轨时期，急需大量的具有丰富知识和高超实践技能的复合型、创新型人才。但现实情况是，当前我国劳动者的整体素质和能力与经济发展需求不相适应，导致了人才供求的严重冲突。为此，我国政府和立法机关在制定产教融合目标的时，应当组织相关专家，设立专门机构，对目前的经济发展和未来的发展趋势进行实地调查和科学的评价，在全面、及时地了解经济社会环境变化对人才市场技能新需求的基础上，与时俱进，推陈出新，确立人才培养规格，提高政策目标的敏感性、前瞻性。

（二）增强政策目标清晰度、针对性和具体性

政策目标是政策内容、政策适用范围、政策制定主体意愿的一个很好的体现，又是政策制定、实施、评价的一个重要基础和标准。所以，在发展过程中，任何一个政策目标的制定都要有明确性、针对性、具体性。英美政府颁布的产教融合政策中的目标大多与其他政策有所不同，其目标清楚而明确，对保障政策的质量上起到了很大的促进作用。为此，我国相关行政部门也必须强化政策目标的针对性、具体性和明确性的建设。首先，在我们制定的每个政策文件中，都应当包括总体目标和分部分的具体指标，以使政策的目标更加明确。其次，政策目标的内容描述也要具体，清楚明确地列出政策要实现的目标和效果，甚至进行量化说明如列出具体的完成时限、要解决的问题、最终要实现的标准等。最后，加强政策目标的针对性。总之，国家实施产教融合政策的初衷是推进校企合作，提升学生的素质，所以在制定产教融合的教学目标时，一定要抓住这个核心问题。

## 三、加强政策的内容建设和实施

政策内容的设置是政策目标实现的重要依托，其操作性程度的高低

深刻影响着政策执行效果的好坏。二战后至今，英美两国政策内容不断丰富和细化，逐渐提高了政策的执行效率。因此，我国也应加强产教融合政策内容建设，完善经费投入体系与管理机制，改进和完善组织管理机构设置，引导企业参与产教融合，强化企业主体意识，明确政府、行业企业、职业院校权责分配等，扩大政策内容的覆盖面，增强其操作性和针对性。

### （一）完善经费投入体系与管理机制

职业教育相对于其他类型的教育而言，其最突出的特征是它的职业性，即为社会提供各产业行业所需的专业技术技能人才。技术能力的培养，既要求学生掌握必要的理论知识，又要使他们离开传统的教学环境，进行更多的实践活动以锻炼操作技能。要办好职业教育，就必须注重建造和完善自己的教学基地、教学设备、加强"双师型"师资的培养和教师进修。同时，要加强与企业的合作，开展合作项目，以促进人才培养的质量。而要实现职业教育高质量发展，必须有足够的资金支持。英美两国政府十分重视发展职业教育的产教融合，并在各自的立法中对其进行了详细的经费拨款条例说明，法案中设立了专门的资金，总体来看，拨款的力度呈上升趋势。同时，这两个国家均积极拓展了资金来源，英国政府鼓励企业自主负担学生的教育费用，保证了各项合作项目的顺利进行。此外，英美政府还制定了资金投入标准和问责制，比如英国的经费投资是根据合作项目的质量来确定投资的，美国政府设立了问责制，如果项目的质量达不到设定的要求，那么就必须负起相应的责任。健全财政投入制度和保障机制，也是我国职业教育产教融合实现全面均衡稳定发展的必由之路。一是建立以政府资金投入为主，企业、职业院校、社会团体等多方社会力量共同参与的资金投入体制。可以利用税收优惠的方式，鼓励企业参与到职业院校的各项建设中来，同时，职业院校也应利用自己的独特优势，吸引社会各界的注意和经费投资。二是在立法层面上建立产教融合教育模式专项资金，增强产教融合的法律保障。三是要坚持以质为本，实行财政资金的问责制。政府要建立严格的资金使用标准，设立相关部门，组织相关专家对合作项目进行评价，对达标的给予一定的奖励，对不合格的要给予惩罚。

## （二）改进和完善组织管理机构设置

教育界与产业界属于不同的领域，而学校属于非营利性组织，企业的终极目标则是实现利润最大化。而仅凭职业院校与企业公司之间的自觉性形成的这种合作模式，其稳定性不强，合作的深度与广度难以保证，不易取得理想的效果。为了使政府、职业院校和行业企业更加密切、高效地开展协作，发达国家一般建立专业的组织和管理部门，以推动产教融合，缩小各利益主体的差距。例如，英国有工业培训委员会、人力服务委员会、行业技术协会，美国有国家合作教育委员会、合作教育协会等。要推动和保证职业院校与行业企业间的合作高效进行，必须不断地完善与健全教育界与产业界交流的组织与管理机构的设置。首先，要从中央到地方，构建系统的、权责分明的行政组织和管理体制。比如，可以设立中央产教融合委员会、地方产教融合委员会，明确各级委员会的职权：中央产教融合委员会统筹规划产教融合教育模式的发展，加强与中央政府的沟通，参与国家职业教育产教融合的相关政策的制定和决议以及国家职业教育课程的开发等，同时对地方产教委员会具有监管职能；地方产教融合委员会通过与当地政府的沟通和合作，促进教育管理、职业培训、合作项目等事宜的有效进行与发展，对产教融合的问题进行全面的指导、协调和处理。其次，组织结构需要合理配置。管理机构的成员，应由政府、行业企业、职业院校的代表组成，且各方代表比例要适当，以确保各方的合法利益与权益。最后，建立机构内部的问责制，确保各个机构的工作都能更好地发挥作用。

## （三）引导企业参与产教融合，强化企业主体意识

2017年12月，国务院办公厅下发了《关于深化产教融合的若干意见》（国办发〔2017〕95号）。该文件明确指出，产业企业参与到产教融合的教育模式中，可以指导职业院校对人才的市场需求进行清晰的界定，为学生提供参与生产、管理、服务等第一线工作实践的机会，促进学习与实践有机结合，培养学生成为高素质技术技能、创新型人才，促进就业。促使行业企业参与到产教融合的教育中去，使之合作更深更广，更好地适应于产业的需要以及实现人才培养的目标，有效地解决"两张皮"的问题。英美政府特别注重制定法案和出台相关政策，鼓励和引导行业企业参与到职

业教育的发展中来，其中行业企业在政策的制定和修订中起着举足轻重的作用，比如英国政府设立了一个代表企业利益的培训和企业委员会，规定企业参与制定和修订国家职业资格标准，与企业合作设立职业学院等。因此，我国要从制度设计的角度出发，加强企业的主体作用，建立健全激励机制。首先，要在职业培训方面拓宽企业公司的权利。可以设立法定机构，企业公司的代表作为主体成员，负责职业培训，并根据企业的利益和需要，制定相关的培训政策、培训方法、培训课程开发和考察评估标准。其次，要建立健全企业在职教工作中的管理体制。从宏观上说，要确保国家职业教育行政部门中有企业的代表；在微观上，职业院校的内部管理者还应该包含企业的代表，甚至是关键岗位也安排企业人员担任。其次，扩大和加强企业在职业教育中的各种专业设置、课程和培训计划开发与设计以及教学流程安排等工作的参与范围和参与深度。职业院校要积极与有关企业公司进行工作交流与沟通，加强专业设置与课程开发的时效性。从企业中引进专业技术骨干，使其以兼职的形式进行课堂教学，以提升专业教学质量。最后，要通过完善税收制度等相关的激励措施，对从事职业教育产教融合的企业实行减税、免税的政策激励，甚至给予一定的财政支持，调动企业参与产教融合的积极性和主动性。

### （四）明确政府、行业企业、职业院校权责分配

英美两个国家的政府、行业企业、职业院校在发展产教融合教育模式上的责任分工清晰，三方分工协作，各司其职，其中政府起统筹管理作用，奠定产教融合发展基础，学校和行业企业负责将政策落实到位，促进了产教融合政策的规范、有序、有效发展。要使这三者在职业教育的产教融合中发挥各自的作用，并推动政策的落地实施，就需要厘清三个角色的应享受的权利和承担的责任义务。首先，要加强政府的管理和服务功能，在全面均衡的基础上，逐步推动产教融合，比如对内部的行政机构、明确主要各负责部门之间的责任权限，把相关部门联系起来，以增强工作的协调性；强化行政监管机构的建设，培育和发展社会中介机构，把高校、行业企业与政府联系在一起，推动日常工作的进行；从法律的角度，规范和支持产教融合模式、资金来源、国家职业资格认证等工作，为促进产教融

合发展提供有利的政策环境。其次，国家应该为企业与职业院校之间构建一套完整、协调的合作系统，以替代当前零散的教育与职业训练，并对以学校为基础的学习内容与以工作为基础的学习内容进行合理的设计。基于学校的学习，应该包括以下内容：基本的文化素养教育、职业意识培养、职业探索与咨询、学术与职业学习的融合、不断地对学生的成长与课程成效进行评价。以工作为基础的学习，应该包含就业辅导、在职实习，充实学生的工作经历和实践经验，提供一般工作地点的技能教育、协调"职业训练和工作体验计划"与校本学习的组成部分。

### 四、完善法律法规体系，强化依法施教意识

法律具有国家强制性，必要时可以在法律实施过程中通过国家的强制措施加以保障。因此，相较于其他政策性文件，法律更有利于贯彻落实。英美两国出台法案力度较大，产教融合法律法规体系较为完善。与英美两国相比，我国产教融合法律法规体系不健全，且内容多是宏观层面的规定，难以得到有效落实。因此，我国需要完善法律法规体系，各级立法机关和行政机关应依据法律层次自上而下逐级制定法律法规，加强法律法规类型和内容建设，增强法律法规的连续性和衔接性。

#### （一）依据法律层次自上而下逐级制定法律法规

职业教育的产教融合模式要实现规范化、高质量的发展，必须建立起一套由中央到地方的健全法制，英美两国便是如此。英美两国在第二次世界大战后，注重利用法律法规，出台了一系列产教融合相关法案，并逐步建立起了完备的法律制度。相对于英美，我国职业教育的产教融合发展起步较晚，相关的专门法律法规尚不完善或存在缺失，还没有建立起全国统一的、各级法律层次衔接性强的产教融合法律规范体系。为此，我国应该从立法层面逐步推进产教融合的专门（具体）法律法规和相关实施细则，从法律层面推动产教融合模式在发展中不断改进和完善。首先，国家最高立法机关要尽快制定一部全国性、具有统一地位的针对产教融合实施的法律法规，对产教融合的总目标、总任务、总路线等做出战略决策，统筹规

划和指导全国的产教融合发展。其次,要按照该法律规定制定相应的行政法规,细化各项工作规章条例,强化职业教育行政管理。此外,省级人民代表大会及其常务委员会还应当根据当地的产业、教育、社会发展的实际情况,制定相关的地方性法规。此后,国务院组成部门、直属机构特别是教育部门、省级人民政府应当制定相关部门法律规章,并出台具体的实施办法,推动产教融合发展。

### (二)加强法律法规类型和内容建设

自第二次世界大战后,英美两个国家相继出台了许多关于职业教育产教融合的法规,这些法规的内容存在共性和独特性。例如,英国制定了《产业训练法》《就业与培训法》《教育改革法》,涉及设置组织管理机构;《继续教育和高等教育法》的出台涉及教育管理体制改革方面的内容;《学徒制、技能、儿童与学习法》《企业法》等涉及现代学徒制的模式和标准。美国制定了《职业教育法》《高等教育法》等,涉及合作教育专项资金建设,而《卡尔·珀金斯职业和应用技术教育法》《职业训练合作法》规定了中间机构的设置等内容,《卡尔·珀金斯职业和应用技术教育修正案》《卡尔·珀金斯职业和应用技术教育法》《卡尔·珀金斯职业和技术教育改进法》《加强21世纪生涯与技术教育案》则涉及加强劳动力准备的条例,还有涉及建立从学校到工作体系的《从学校到工作机会法》。此外,英美两国的每一项关于职业教育的法律都有详细规定资金的数额和标准,以及各利益相关者的责任。从这一点可以看出,两个国家的立法种类繁多,内容也比较详细。为此,我们应该在立法的种类和内容上加大力度。所以,我国产教融合的教学模式和法规体系,既要强化纵向的法律规范,又要注重横向的形式和内容的构建。为了推进产教融合的发展,有两个关键方面需要考虑。首先,需要建立完善的法律体系,其中包括纲领性法律和细化法律。纲领性法律应该提供产教融合的总体框架和指导原则,而细化法律则应该涵盖具体的内容和规定,例如《产教融合项目开发法》《产教融合模式法》《产教融合企业权力和职责法》等。这些法律将为产教融合提供明确的法律依据和规范。其次,需要拓宽教育融合的政策内涵,从立法层面上制定相关政策。这些政策应该涵盖经费保障机制、组织管理机构设立、合作模式构建、职业资格证书制度完善等方面[①]。经费保障机制可以确保产教融合项目的可持续发展;设立法定的组织管理机构可以协调各方利益,推动产教融合的顺利进行;构建学校与企业的合作模式可以促进资源共享和互利合作;完善职业资格证书制度可以提高人才培养的质量和认可度。此外,政府、企业和职业学院在责任分配方面也需要进行协调,确保各方能够履行相应的责任。

### (三)增强法律法规的连续性和衔接性

自20世纪60年代起,美国颁布了一系列的职业教育产教融合法案,这些法案具有鲜明的连续性,也就是注重对原法律的修改和新法律的制定。例如,《卡尔·伯金斯职业教育法》于1984年通过,它延续并发展了1963年《职业教育法》,随后于1990、1998、2006年进行了多次修改。美国的产教融合政策尽管经过了几个发展时期,但在不同时期颁布的法令的内容、目标等方面并没有脱节,它们之间存在传承与发展的联系,它们的核心价值观是一致的,其影响也超出了时代的局限。另外,美国(英国)制定的职业教育相关法律、法规与普通高等教育、产业行业等领域的相关法律进行联系,注重学术、职业资源的整合、教育制度的健全、产业与教育的一体化。为此,要推动产教融合的健康、迅速发展,我国职业教育产教融合模式的法规体系,既要强化纵向的法律法规建设,又要注重横向上的法规条例的连续性和衔接性保证,增强政策的稳定性。首先,在制定政策时要做到现实的可实施性与前瞻性的结合,不仅要能推动目前的产教融合发展,符合教育界与企业界的需求,而且还要为今后的发展规划打下一定的基础。其次,从继承前法案的角度出发,不断完善、创新,确保法规的内容能够跟得上时代的需求。再次,要重视产教融合的法律和法规与普通高等教育政策的衔接,重视专业设置、课程建设等微观层次的联系,为学生提供更好的学习环境,丰富他们的知识和提升他们的技能。最后,要加强产教融合的法律法规与行业产业政策的衔接,激发人才资源,以更好地适应行业企业和劳动力市场的实际需要。

---

[①] 肖化移,李凯娟. 美国职业教育产教融合政策:演变、特征与启示[J]. 大视野2022,(02),3-8+20.

# 第六章 职业教育产教融合的促进机制

## 第一节 完善职业教育产教融合政策机制

产教融合是学校和企业共同参与的教育行为,因此,要推动职业教育的产教融合,就需要从学校和企业两个层面上考虑政策制度的制定与完善,并从宏观上和微观上协调配合,共同发力,方可有效地规范和引导职业教育产教融合的发展。而政府出台的政策对产教融合有强制、激励和促进作用,所以政府部门制定产教融合政策能规范产教融合行为,推进产教融合健康快速发展。

### 一、细化强制性政策规定

目前,还存在院校和企业界对产教融合的认识不到位,特别是企业的积极性还不高等现象。因此,政府出台一系列的强制性政策对产教融合及其运行的相关事宜加以规定,对促进产教融合的顺利进行具有十分重要的意义。以下是具体的措施:

**(一)制定具体的职业教育产教融合政策法规及配套措施**

目前,我国政府出台了一些政策、法规,对校企合作进行了明确规定,例如:1996年出台的《中华人民共和国职业教育法》中提出,"职业学校、职业培训机构实施职业教育应当实行产教结合,为本地区经济建设服务,与企业密切联系,培养实用人才和熟练劳动者"。如2005年10月《国务院关于大力发展职业教育的决定》提到:"要大力推行工学结合、校企合作的培养模式,与企业紧密联系,加强学生的生产实习和社会实践……"

但在实际情况中，校企合作的效果往往不尽如人意，究其根源，还是缺少相应的具有可操作性的法律制度。要想真正落实好校企合作相关工作，必须不断完善职业教育产教融合有关的法律法规，制定好校企合作的规章制度，比如出台《校企合作促进法》。

其中重点包括：一是明确规定产教融合的对象。目前，对于是否参与校企合作项目，职业院校已经有了一定的共识。但是，在企业层面，因为受到企业的固有理念、实力、可获经济效益以及用人条例等因素的制约，大多数企业仍然不愿意参与其中。为此，必须根据具体实情，由政府出台相关条例，明确校企合作中企业的参与条件。例如：制造类企业的员工人数超过200人的，必须加入校企合作，或者年利润超过50万的企业必须加入校企合作等。二是对产学融合的协作模式做出明晰的要求[①]。目前，校企合作的方式十分有限，从笔者前文所调查的数据中可以看出，这一模式主要表现在两个方面：一是学生在企业中进行实习。二是企业为学生提供实训基地，也就是体现在实践教学层面上。但是，对于教师到企业进行实践、企业员工到学校接受职业培训或是校企合作共同进行技术研发等情况，却少有出现。针对这方面，国家要明确地规定，校企合作的开展，要依据职业院校和企业的具体情况，实行3~4种合作方式。三是对产教融合监测评估工作做出明确规定。目前，国家仅仅确定了校企合作在实践上的合法性。但是，究竟应该怎样开展，却是出现了迷茫的状态，也导致目前的校企合作毁誉参半，其重要意义没有得到最大限度地发挥，与此同时，也让人们对校企合作的理解不够准确。所以，国家必须明确规定，学校和企业双方均须建立起主管校企合作的部门小组，指定专门的人员来对校企合作的实施进行监督调控，保障校企合作的质量，让其在民众心目中的形象得以更好地提升，这对实现校企合作的长期高效发展有着非常重要的作用。

**（二）制定具体的职业教育产教融合成效考核政策**

我国的高等职业院校是改革开放后得到发展，从20世纪80年代至90年代开始办学，一直到21世纪初期才有了较大的发展。那么，校企合作作为

---

[①] 邓文萍. 高职院校校企合作促进机制研究[D]. 长沙：湖南师范大学，2011.

职业院校进行人才培养的一种方式的历史更是短暂的。与西方资本主义国家不同，它们是基于市场经济的快速发展而建立起来的高等职业教育实施机构，因为有着长久的历史，并且在这些国家有较多的经验，校企合作也更加成熟，因此，不管是企业还是行业，加入校企合作的意愿是较高的。所以，在我国要想顺利地开展校企合作，就需要政府来对其进行宏观的管理。当然，我们不是要政府通过直接的参与来进行宏观调控，而是要适度地下放权力。在确立校企合作的合法性的同时，对其成效也要进行审查，并且要明确列出具体的审查内容。

加强考核督导，必须建立和完善产教融合绩效考核和监督机制，把产教融合、校企合作、师生实践训练等工作的实施情况作为指标考核评估企业以及学校、获取财政性奖金、项目和表彰奖励的重要依据。各级政府要履行好产教融合的职责，主动对接职业学校开展合作，将企业接受职业院校师生实践实习，遵守学生实习时间规定等纳入企业考核的有效指标。在职业院校、高等学校办学水平评估、领导班子考核、学科专业评价中，应纳入"产教融合""校企合作"，放进"教学质量年度报告"和"毕业生就业质量年度报告"中作为关键部分，确立为专业设置调整、学校转型和相关项目建设的必要依据。支持第三方机构对产教融合执行效果进行评估，并构建和完善数据评估系统。

相关具体的对策有以下几点：一是政府要设立相关的机构，或者要安排专门的人员来进行校企合作的审核工作。二是审核的内容，可依据学校与企业之间的科学研究与技术开发项目的数量，"双师型"教师占比，学生实践教学活动的多少，企业员工在学校接受的继续教育和职业训练的情况，学校的专业课程设置情况等方面进行评审。三是抽取审查对象的方法，可采取随机抽取、整体抽取、片状抽取等。

## 二、加强激励性政策规定

当前，职业院校与企业之间的合作总体上仍处于"叶公好龙"的状态，企业的积极性不高。激励性政策是指国家通过制定鼓励企业参与校企合作的相关政策来促进企业的发展。具体而言，可以从税收、奖励、金融三个方面出台激励性政策。

## （一）税收政策

政府可以利用税收杠杆对企业参与校企合作的情况进行管理调节。比如：依据企业在参与校企合作时的积极程度，给予企业一定的税收优惠，或者视公司支付给实习生的薪水情况而对其进行减税免税。参与校企合作的行为越多，程度越深，税收优惠就越多。

## （二）奖励政策

奖励政策就是在政策层面上，通过市场机制的调控，对校企合作方面取得较好成果的院校，给予一定的激励。奖金可以是资金分配，也可以是学校办学教学急需的各种设施仪器。为了达到提高各级各类学校、行业企业参与校企合作的积极性，可以设置特等奖、一等奖、二等奖、三等奖；针对我国西部、中部和东部地区的经济发展失衡情况，宜将分地区进行评价考核后给予表彰奖励。

## （三）金融政策

通过对校企合作中存在的问题进行剖析，经费不足是制约校企合作发展、校企双方参与行为的主要因素。纵观发达国家的校企合作，其经费渠道以政府、行业、企业为主。例如：澳大利亚政府制定了相关法律，要求公司将其工资总额的2%用于培训[1]；美国社区学院的一半办学资金来源于社区税收（50%），州政府拨款共占总经费的四分之一（25%），学校自筹经费也占四分之一（25%）[2]；德国高职院校的资金中涉及校企合作的部分，大都由企业提供。我国可借鉴其经验，制定财政方面的相关政策，以推动学校与企业的合作。主要内容有：一是政府设立校企合作专项基金，通过招标或分批的方式进行分配实施；二是政府利用政策的颁布，要求企业为校企合作提供一定数额的资金，这与澳大利亚的措施相似；三是支持校企合作的信贷政策的调整。比如学校和企业之间合作的一些项目的经费，可

---

[1] 方丛慧. 我国高等职业技术教育校企合作问题与对策研究[D]. 南京：南京理工大学，2005.
[2] 石伟平. 比较职业技术教育[M]. 上海：华东师范大学出版社，2001.

以通过减免利息的政策来调动校企合作各方的参与积极性。

### 三、明确压力性政策规定

所谓"压力性政策",就是通过制定相应的政策或说明具体的要求,对学校、企业施加一定的压力,从而促使他们参与校企合作,或者改变对校企合作的不充分不恰当认识。政策有两个方面:一是惩罚,二是不定期的检查。

(一)惩罚政策

目前,我国对校企合作的相关条例政策均为积极的规定。但是,在实际操作中,还存在违规情况。由于缺乏相应的制度制约其行为,此类违规现象便会日益增多,最终严重影响到校企合作的长期有效开展。所以,要使我国出台的教育政策得以有效实施,使学校与企业的合作能够长期有效地进行下去,就需要政府实施处罚条例。如:对违反校企合作法律法规的公司进行罚款;校企合作不够积极或者校企合作成效不佳的学校就会被降级。

(二)不定期检查政策

在有了好的政策法规之后,学校和企业之间的合作政策也要有效落实。政府在政策上出台了强制性的条例,则要对校企合作的实施成果进行验收检查。要注意的是,这种考核属于终结性的考核,难免会出现个别学校在审查中弄虚作假、搞形式主义的情况。因此,政府必须建立不定期稽核制度,让企业和学校在贯彻实施校企合作时,有一种不能松懈的意识与态度,防止机构形同虚设,或工作人员失职、不称职现象。例如:各省有关部门每年随机、不定期抽查三所院校的校企合作推进情况,保证有效执行各项政策,促进校企合作有序、高效地发展。

## 第二节 健全职业教育产教融合制度机制

当前，我国的校企合作已经形成了一套较为完备的保障和促进机制，其中包括职业资格证制度和持证上岗制度等。比如，我们国家颁布的关于护理专业的法律，规定了护士在进入工作岗位之前，一定要持有护士资格证，这极大地促进了护理专业校外实习的发展。然而，仅靠这些制度是不够的，还需要建立一套适合于校企合作自身的制度，才能更好地推动企业与学校的合作，提高其实施效果。具体来说，分为如下几个方面：

### 一、制定校企合作评估保障制度

当前，许多国家都已经在各类教育之间建立了学分互认制度。近年来，挪威建立了一种非正规的学习认证制度，使得中学和大学的学分能够被通过鉴定认证的学分替代。韩国已经建立了"学分银行"制度，用于对非正规教育阶段的学习成果实施认证，并将其转换为学分。美国也建立了一套继续教育的学分制度，第一类是继续教育学分，一般为10个课程换算1学分，有的州的继续教育学分可以转化为大学学分；第二类是自修学分，通过对学生的自主学习成果进行评定，可以将其转化为学分；第三类为"经验学分"，是指在经过评定后，将其在行业企业的专业实践转化为大学或社区学院有关专业和实习课程有关的学分[1]。校企合作，是企业和学校之间的合作，建立合作双方工作与学习的成果互认制度，能够调动学生、教师和员工的积极性。具体来说，主要有三类：

#### （一）建立学分认证制度

学校可以参考国外发达国家的经验，设立"学分制"，对职业院校学生的企业实践进行考核认证，以此来激发学生参加校企合作的热情。在

---

[1] 第六战略专题调研组继续教育发展战略研究[J]. 教育研究，2010（7）：31-38.

不影响学习成绩的前提下,学校应当将实习条件设置得更宽松一些,允许学生提出申请,自行安排实习实训。同时,还应简化申请程序,以减少麻烦。另外,企业的雇员在职业学校进行职业训练时,可以利用自己的工作经历认证转换位相应的学分,再经过相关专业学习,获得相应的学历证书。

### (二)建立工作认证制度

学校和企业都须对员工在相互之间的工作进行认证,这一点可以由"工作日"制度来完成。具体而言,学校可以在"工作日"中对老师到企业实习实践的经历进行认证,并在需要时通过"课时量"进行认证。比如:老师到企业企业实习实践一周,视具体情况,可以将其折算为15个课时,也可以是老师在企业实习实践两天,换算成学校的一个工作日。在企业内部,也要对雇员在学校的工作或进修进行认证。比如员工在学校里学习一个月,就相当于15天的工作时间,又或是员工去学校上课,那么两节课就相当于一个工作日,如此一来,教师和企业的职工将会更加积极地参与校企合作。

### (三)建立科研成果认证制度

职业学校应认可教师在校企合作中的项目进行科学研究时收获的成果,并将其转换为相应的课时量,而企业可以将其雇员在校企合作中的项目科学研究成果转化为"工作日"进行计算,诸多措施均可推动校企合作中的科学研究,有利于调动校企合作各方的参与热情。

## 二、建立职业教育校企合作相关部门联席会议制度

我国由封建社会直接转变为社会主义社会,没有经历资本主义社会的发展过程,与发达资本主义国家有所不同。这些国家拥有行会办学的传统经验,使校企合作得以自然而然地发展成熟。相比之下,我国目前仍处于以公有制为主体,多种所有制经济共同发展的市场经济体制阶段。因此,实施高效且长期稳定的校企合作并不容易。我们既缺乏校企合作办学的历史土壤,又缺乏校企合作办学的经济基础。

然而，校企合作与国家和人民的切身利益密切相关，尤其在培养技术人才方面发挥着至关重要的作用。因此，校企合作应该被视为全民事业，需要建立职业教育校企合作相关部门的联席会议制度。这个联席会议由教育、劳动、就业、经济、社会保障等部门以及校企合作的相关管理机构的代表参加，特别要安排财政部和税务部门的相关人员代表，以确保校企合作所需的经费拨款和税收优惠得到保障。

这个联席会议由政府统筹安排，共同商议校企合作工作的发展规划、资源配置、条件保障以及政策措施的统筹管理等事项。会议可以定期举行，建议每年举行一次或三年举行一次（类似于全国人大的会议安排）[1]，最好安排在全国人大会议之后进行，以确保校企合作的相关部门能够提供切实可行的意见和建议。通过建立这样的联席会议制度，可以促进各部门之间的协调与合作，推动校企合作的良好发展，以满足人才培养的需要，并确保校企合作的顺利进行。

### 三、确立高技能人才校企合作培养制度

高技能人才校企合作培养制度，即在"校企合作"的基础上，制定相应的制度以培养复合型高技能人才。一般来讲，"读万卷书"是进行理论知识学习的一条可取途径，但学习实践知识时就有所不同了，就像是计算机的维护修理，哪怕是你对有关计算机维护修理的理论知识记忆非常深刻，到了具体要操作的时候也有可能不知道该怎么开始。这主要是由于，实践知识属于应用性知识，学习实践知识的目的是要在实际中进行运用，而这种运用实际上体现的是一种技能，懂得一类实践知识并不等于学会了一类实践技能（懂得≠学会）。所以，在对技术人员，特别是高素质技术技能人才进行培养训练的过程中，必须做到理论学习和实际操作相结合，不然就有可能造成"高分低能""语言上的巨人，行动上的矮子"的情况。其实学习理论知识也是一个道理，不把自己所学到的东西运用到实践

---

[1] 邓文萍. 高职院校校企合作促进机制研究[D]. 长沙：湖南师范大学，2011.

中去，就无法活学活用，知识的价值并未被发挥出来。为了达到这个目的，各地应设立高技能人才校企合作培育制度，组建校企合作培养协调指导委员会，委员会成员应包括政府各行政部门领导、行业企业代表、职业院校代表、各方面专家，以确定校企合作培养高技能人才的发展规划，明确人才培目标以及人才培方向，指引和统筹学校与企业开展合作[①]，这不但会对培养高素质复合型技术技能人才产生有利影响，还可以推动校企合作的进行，最终实现高技能人才校企合作培养模式的有效实施。

### 四、创新职业教育产教融合体制机制

#### （一）创新教育与产业需求对接制度

教育部门要建立实施贡献导向、竞争力导向的办学效益评价体系，将专业体系与区域经济的匹配程度、专业适应社会需求能力、毕业生充分就业能力、非学历教育培训能力作为重要评价指标，引导各学校主动对接区域经济和主导产业开展专业建设和人才培养，做到把学校办在工业园区里、把专业建在产业链上、把工匠精神刻在学生的心上、把创新意识融入学生的血液中，为我国经济社会发展，尤其是新兴的工业产业链提供人才支持。

#### （二）创新教育与产业互动制度

各级政府要加强政策导向，推动供求对接、流程重组，充分考虑区域和产业发展的需求，优化教育资源配置，优化人才培养结构，创新教育办学形式，推动教育与产业互动发展。

#### （三）创新产教融合办学制度

实施"十链百校千企工程"项目，遴选10条优势产业链、100所职业学校、1000家企业，建立全方位、深度的校企合作关系，推动建立健全"政府推动、企业主体、社会参与"的技能人才培养制度。推进高中阶段教育结构的调整和优化，鼓励职业院校在工业园区的建设。

---

① 孙嘉丰，冉小毅. 高技能人才培养的新探索——以浦东新区综合配套改革试点为视角[J]. 教育发展研究，2007，（09）：77-80.

### （四）创新招生和专业设置制度

在经过各学科、行业专家充分研究讨论确认后，根据专业管理制度，学校设置符合经济社会发展急需的新专业，实现职业院校对接产业行业需求，扩大学校的自主权。加强专业建设的信息服务，整理招生紧缺和就业难的专业目录，逐渐形成高校招生、毕业生就业和专业设置的联动机制。鼓励职业学校和企业进行学徒培训，改革招生计划管理，赋予学校更大的招生自主权，重视加大实践技能考试的比重，促进实训水平的提高。

### （五）创新人事编制制度

遵循"编制到校，经费包干，自主聘用，动态管理"的原则，认真阅读和执行有关文件规定，设立并完善教师编制管理动态调整机制，各职业学校自主聘用兼职教师，按照30%的比例设置学校的兼职教师编制。优先支持职业院校引进来自行业企业的产业导师、特聘教授等。下放高校教师职称评审权，职业学校教师职称计划单列。进一步落实和扩大高校办学自主权，优化高校进人环境，允许自主公开招聘人才，鼓励自主灵活用工，激发办学活力。

## 第三节 形成职业教育产教融合文化机制

上文提到的政策机制和制度机制，均是基于学校和企业双方的利益出发，从外部去推动校企的合作。而要使职业院校和企业的合作能够真正意义上地、长期持久地进行下去，一定要在文化机制方面进行规划统筹，加强学校和企业这二者之间的文化交融。具体来说，职业院校校园文化是职业院校内所特有的群体意识、价值观念、行为模式、生活习惯等一系列的文化现象，是引导职业学校学生健康成长，培养全面发展人才的重要途径。企业文化是指企业在实际运作中逐步形成的共同的价值观念、行为模式、情感氛围和企业形象[①]。在企业领导者的提倡和呼吁下，企业文化得以

---

① 宁勇敏. 高职院校校园文化与企业文化的融通[D]. 上海：复旦大学，2008.

塑造和传承。企业文化可以分为两种不同的类型：一种是注重人才培养和学术追求的文化，另一种是强调生产运营和利润为先的文化。这两种文化都共同关注技术、人才和学习，所以，加强两种文化的融合，应从以下三个部分入手：

## 一、职业院校营造一种技术氛围的文化

职业院校的目标是培养适应生产一线需求、具备实用型专业技能的人才。因此，在学生培养过程中，职业院校必须以"技术"为教学核心，注重以下方面的工作：教育资源的合理配置、教师队伍的建设、课程体系的构建、教学方法的选择与应用、考核与评价以及校园文化活动的开展。这些方面的突出特点体现了职业教育的独特性。职业院校要以技术技能的培养为先，以适应企业技术的更新与不断变化。具体来说，就是通过建设实践基地，建设"双师型"师资队伍，构建以工作过程为中心的课程体系，在学校中开展技能竞赛，营造"学技术，练技术"的良好氛围。

同时，职业学校也可以邀请那些靠新技术取得事业上的成功的企业家到学校来，讲自己的成功经历，以此来激励学生"技术自强、技术创业"，营造一种"学习技术、学好技术"的风气。

## 二、树立"服务企业"的办学理念

职业院校要立足地方，服务地方，利用自身的优势，综合考虑地方经济发展的需求，打造属于自己的办学特色，才能保障学校的长足发展。为此，职业院校应以"为行业企业服务"为导向，从技术研发、人才培养、学校硬件设施建设等方面入手进行思考并统筹规划。例如：学校培养的毕业生能否在进入企业工作后满足对技术人才能力的要求，教师从事的技术开发能否受到企业的青睐等。要想吸引企业加入校企合作项目，必须有人才和技术这两大要素。假如校方能够与企业在技术、人才等方面取得共识，相信企业会乐意参与校企合作。纵观国外校企合作的成功经验，我

们可以看到，德国和英国等发达国家，企业主要采用校企合作的方式，利用职业院校的优质资源，培养出技术技能水平较高的人才以满足企业发展的要求，从而降低企业独自培养人才所要花费的成本；日本企业除了投资短期大学和进行人员交换学习培训外，还在科学研究方面也进行了校企合作，同时还会在研究范围、期限、经费、专利、保密责任等方面交流以达成共识、签订协议，再由学校进行研究，获得科研成果后再由企业支付研究费用，将成果投入企业生产中。

### 三、校企双方加强学习型组织建设

彼得·圣吉博士在其著作《第五项修炼：学习型组织的艺术与实务》中写道，"所谓的学习型组织是通过培养整个组织的学习气氛，充分发挥员工的创造性思维能力而建立起来的一种有机的、高度柔性的、扁平的、符合人性的、能持续发展的组织"[1]。由此，我们可以发现，学习氛围是构成学习型组织的核心要素，或说是它区别于其他组织的根本原因。因此，无论是学校还是企业，都应对学习型组织的创建给予足够的重视，并为其创造一个良好的学习环境，营造学习氛围。

首先，对于学校来说，它的定位是一个教书育人的场所，一个学生获取知识、掌握技能、形成价值观念、养成行为习惯的重要场所，它本身就是一个进行学习的场所。重视创建和完善学习型组织，通过建立学习型组织，鼓励职业院校的在职教师到企业去实训，精进技术并深化、更新专业知识，与企业共同开展技术研究，这项举措将在促进校企合作中发挥重要作用。

其次，站在企业的立场上看，当前企业间的竞争，实质上就是科技与人才的竞争，科学技术水平越先进、掌握最新科技的速度越快、员工的素质越高，就越能在市场经济中脱颖而出。因此，必须在企业内部加强学习型组织的建设，营造全企业的"学习氛围"。通过"学习氛围"的营造，

---

[1] 黄葳. 教育管理学概念与原理[M]. 广州：广东高等教育出版社，2005.

进一步拉近企业与职业院校间的距离，使得企业与职业院校的同质化程度不断提高。而这样的"学习氛围"，也间接影响着一个公司的发展，"企业的竞争最终是学习力的竞争"[①]，企业可以将员工送到学校继续深造或是邀请职业院校里的资深专家来公司做讲座，以更高效地培养其在市场竞争中所需的高技能复合型人才，因此，企业加速建立学习型组织对校企合作的重要性不言而喻。

## 第四节 构建职业教育产教融合保障机制

### 一、建立职业教育产教深度融合利益平台

#### （一）推进职业教育与社会经济的适配度

在区域发展、产业发展、城市建设以及规划重要生产力布局等方面的工作进行时，要明确教育发展和产教融合发展的要求，指引教育资源渐渐向产业和人口密集地带分布，促进贫困地区学生在城市办学质量较好的职业学校的就读，促进区域经济社会发展与教育发展的有效匹配，实现产业发展有人才可用、有高水平人才可用，求学者有学可上，毕业生创业有机会、就业有岗位、充分就业有保障。

#### （二）建立产教融合发展机制

要建立地方政府主导下的教育、产业定期会商和需求对接机制，协调劳动密集型产业、高新技术产业和传统产业等产业布局和相关企业的岗位需求、技术改造升级需求与教育供给的矛盾，实现服务企业与服务产业的结合、就业容量提升与创新创业能力提升的结合，促进教育与产业协调融合发展。

#### （三）建立需求对接平台

要建立地方政府主导下的产业发展环境与人力资源供给磋商机制，为

---

① 杨斌. 论学习型组织在企业发展中的作用[J]. 企业科技与发展，2009，（8）：164-165.

劳动密集型企业、承接产业转移企业创造比较宽松的税负环境，鼓励企业适当提高薪资待遇吸引毕业生本土就业，促进地方政府、企业和人的全面发展，共同进步。

### （四）打造信息服务平台

推广使用云计算、大数据等信息技术，通过整合区域和行业人才供需、校企合作、项目研发、技术服务等各类信息，向各类主体提供精准化产教融合信息发布、检索、推荐和相关增值服务，构建市场化、专业化、开放化、共享化的教育产业一体化信息服务开放平台。鼓励学校、企业利用互联网、微信群、QQ群等平台，为顶岗实习的学员提供服务，并提供教学指导。

## 二、健全产教融合的经费保障机制

### （一）提升教育经费整体保障能力

要进一步完善政府、企业、学校多元投入机制，发挥公共财政的基础保障作用，加大常规办学经费的投入力度，确保职业学校基本装备、基本人员、基本条件都能达到有关规定标准，为稳定和扩大人才培养规模提供基础性保障。

### （二）建立产教融合生产资源投入的保障机制

对参与项目试点的职业院校、合作企业和学生提供专项经费支持，允许企业校企合作中投入的设施、设备、运转经费经营成本享有获取相关收益的权利。各级政府及其经济部门、人力资源部门要设置产教融合专项资金，用于支持公共性实训基地、公共创新创业训练平台、高端专项引领能力建设、产业导师特设岗位、兼职教师特聘岗位等项目的实施。

### （三）建立学校自主的产教融合补偿机制

允许学校用自有资金支付教学资源购买、教学服务购买、知识产权购买、实习实训岗位及指导服务购买、企业兼职人员报酬等校企合作项目发生的必要支出，允许学校自主选择合作企业和合作方式。

## （四）培育社会市场投入机制

各级政府及其经济部门、人力资源部门要设置产教融合专项资金，用于支持公共性实训基地、公共创新创业训练平台、高端专项引领能力建设、产业导师特设岗位、兼职教师特聘岗位等项目实施。要重视推动产教资源的流通，鼓励支持企业人才嵌入教学、社会力量融入教学、社会资本进入人才培养，积极培育市场导向、对接供需、精准服务、规范运作的产教融合服务组织（企业），发挥第三方教育机构整合社会资源的作用并允许其获得合理回报。

## （五）落实校企合作结构性减税政策

企业为在本企业进行实习训练的学生支付的劳动报酬，以及企业按照校企合作协议为实习训练学生购买的意外伤害保险等费用，可以依据有关法规条例在企业所得税前进行扣除。企业支付给员工的教育费用，不得超过工资、薪金总额的2.5%。超出部分可在以后的纳税年度汇算中扣除。校企合作开发新产品、新技术、新工艺中产生的研发费用，可依据相关政策，给予企业减免所得税的优惠。

## 三、协调与定位产教融合中各利益相关者的合理角色

### （一）合理定位政府部门的角色

一是要强化产教融合工作的统筹管理。将发展职业教育作为"智能制造2025"等战略的一项重大举措，由各省经信委、国资委、教育厅、人社厅、财政厅、国税局、地税局共同建立产教融合工作联席会议制度。同时，各市州、各县区要设立相应的行政管理体制和组织机构。二是落实产教融合的工作职责。要把产教融合工作的实施情况纳入省级督导考查工作中去，把目标责任作为考核对象绩效评价的主要内容。教育行政部门负责教育规划和业务指导，经信和国资部门负责引导、督促并指导相关行业和企业主体责任落实，人社部门负责制定并落实促进技能人才成长的政策措施，财政部门负责筹措并下达有关项目经费和经常性工作经费，税务部门负责制定并落实结构性减税政策。三是要创造一个良好的产教融合环境。加大对社会的宣传力

度和舆论引导力度,加快推进收入分配、用人制度、学习编制、教学和科研管理的改革,引导学校积极服务于经济社会的发展与建设,帮助企业意识到"投资于人"的重要意义,形成全社会对产教融合充分理解、积极支持、踊跃参与的局面。要大力推进各级职业技能竞赛的举办,持续加大对职业技术培训的研究力度,努力创造"尊重劳动、崇尚技术"的良好社会环境。四是将产教融合列入企业社会责任评价范畴。建立企业参与校企合作的社会责任考核评价机制,由第三方收集信息,对企业参与校企合作进行系统性考核评价,定期向社会发布评价结果,有效弥补企业参与校企合作评价机制缺失的问题。

### (二)合理定位企业的角色

一是发挥骨干企业引领作用。立法规定国有企业特别是中央企业、省级骨干企业产教融合校企合作义务,充分发挥其先进设备、先进技术和一流人才在人才培养中的作用,示范并带动全社会各类企业深度参与到职业教育中来。激励并扶持年营业额超过一亿元或员工人数在千人以上的企业公司与所在地区的职业院校开展合作办学,主动加入产教融合项目,将企业内部设备和展示的产品放置在职业院校,探索在具备条件的职业院校开展生产性实践训练基地生产,为职业教育生产性实践提供相关项目载体。鼓励大中型企业根据自身发展需要及行业特点,建立实训基地,供相关专业学生或学员实践。二是充分发挥企业主体作用。支持加强校企合作,建立技术技能实训平台、环境和载体,共享相关技术实践设备,允许职业学校、高等学校科研人员依法取得的科技成果转化奖励收入且不纳入绩效工资,不纳入单位工资总额基数。鼓励各行业企业和职业院校根据需要,建立和建设相关专业,以培养需要的专业技术人才。企业与学校的联合办学可以采取"董事会"和"理事会"等多种方式进行联合组织、统筹管理。三是落实企业接收学生实习责任。仔细贯彻执行五部委《职业学校学生实习管理规定》,制定《职业院校学生实习管理实施细则》,完善职业学校学生到企业实训的相关制度。企业应该积极履行接受职业院校学生实习实训和顶岗实习的社会责任,规模以上企业按职工总数的2%安排实习岗位,以供职业院校学生实践训练,接收职业院校学生顶岗实习的岗位数不少于企业技术岗位数的10%,构建规模以上企业把开展职业教育情况纳入企业社会责任报告制度。加快发展学生实习责任保险和人身意外伤害保险，尽快覆盖所有参加实习实训的学生；鼓励保险公司针对现代学徒制、企业新型学徒制保险设置专门费率。

### （三）合理定位职业院校的角色

一是创新职业教育体系。各学校要依托行业和区域经济发展背景，以专业链对接产业链，创新职业教育体系，突出人才培养特色，主动服务国家"一带一路"倡议和"长江经济带"发展战略，如湖南的职业院校应主动对接湖南"一核三极四带多点"发展新格局等，进一步更新办学理念，精准定位，突出特色，提升办学实力和竞争力。二是推进合作办学模式的改革。对技术性、实践性较强的专业，实施现代学徒制与企业新型学徒制，促进企业招工与学校招生相结合，实现校企"双重主体"协同培养人才，学生学徒"双重身份"，明晰学校、企业、学生三方的权责关系。推动"产教融合"高质量实施执行，支持一批中职、高职院校深化校企合作，推动高等应用型本科院校建设，支持一流学科建设高校开展学科、人才、科研、产业深度融合，推动协同育人、协同创新、成果转化。重视建设产教融合城市（群）、"产教结合"行业企业试点，鼓励第三方参与"产教融合"特色城市和企业的考查评估，建立健全奖励机制。

## 四、促进产教融合健康持续发展

### （一）鼓励支持系统创新

要建立办学模式系统创新引导机制，鼓励地方政府、行业部门牵头开展职业学校集团化办学创新，鼓励地区和行业的骨干企业与职业院校合作，成立产教融合集团，并引导中小企业参与进来，推动校企合作的实体化发展。

### （二）鼓励支持实施"厂校一体化"项目

支持职业学校通过提供场地的方式，引进与专业相关度高的成长型、创新型企业入驻开展生产经营活动，建立"校中厂"、健全"厂中校"互惠机制，鼓励职业学校在企业建立深度合作的教学型基地。建立产教资源集聚和共享机制，促进资源流动、资源开放。支持企业在职业学校共建"技能大师工作室"、职业学校在企业共建"教师工作室"，实现校企人才、技术双向互补交流。

（三）强力推进校企合作研发

支持校企合作建立技术研发中心、校企合作工程中心、搭建技术交流与研发创新平台，鼓励职业院校与企业公司建设产业技术实验室、中试与工程基地。鼓励中小型企业利用职业院校的资源，在具备一定条件的职业院校建立研发基地、中试基地，共同进行项目的科学研究与孵化。

（四）大力促进产教资源流动

鼓励支持企业人才嵌入教学、社会力量融入教学、社会资本进入人才培养，建设市场导向、对接供需、精准服务、规范运作的产教融合服务组织机构，发挥第三方教育机构整合社会资源中的作用并允许其获得合理回报。

（五）进一步深化人才培养、教学内容和手段改革

实行产业指导教师专门岗位方案，从企业、科研机构中选拔科技创新人才、高技能人才、经营管理人才，安排其担任产业导师。实行政府采购的办法，在行业企业中挑选聘用高技能人才、工程管理人才、能工巧匠等专业技术人才到职业院校担任特聘兼职教师。鼓励企业和职业院校进行合作，联合招生，采用学徒培养方式，共同制订培训计划，实行"工学结合"的模式。鼓励职业院校和企业建立"企业专班"，实行全过程的企业参与人才培养，学生毕业后，达到企业对人才的要求，可与企业签订劳工合同。

（六）健全规划与发展同步机制

健全教育与经济、教育与社会协调发展的规划体制；对区域发展、产业发展、城市建设、重要生产力布局进行统筹管理，明确教育发展和产教融合发展的要求，推动区域经济社会发展与教育发展的有效匹配，实现产业发展有人才可用、有高水平人才可用，求学者有学可上、毕业生创业有机会、就业有岗位、充分就业有保障，推进教育与社会经济的适配度。要建立地方政府主导下的教育、产业定期会商和需求对接机制，协调劳动密集型产业、高新技术产业和传统产业等产业布局和相关企业的岗位需求、技术改造升级需求与教育供给的矛盾，实现服务企业与服务产业的结合、就业容量提升与

创新创业能力提升的结合，促进教育与产业协调融合发展。

**（七）以企业为主体推进协同创新和成果应用转化**

支持产业、企业、院校、科研院所围绕核心技术、重要工艺与共性问题进行协同创新，合作组建协同创新机构、校企联合开发中心等产学研联合体，加快基础研究成果向产业技术应用转化。企业应充分利用职业院校、高等学校资源，可将研发基地、中试基地建在有条件的职业院校、高等学校，共同开展应用项目研究。改进科学技术研发项目经费管理，由高校和科研院所牵头申报的应用和工程技术研究计划与项目，原则上要有工业企业参与，并设计成果转化方案。建立健全职业院校科研后评价制度，把科研成果转化作为项目、人才评价的关键内容；持续推进企业技术中心与职业院校技术创新平台的搭建，支持企业与职业院校共建产业技术实验室、中试与工程基地。运用产业投资基金，推动职业院校研究创新成果、核心技术的产业化。

## 第五节 建立职业教育产教融合运行机制

外因是事物发展的前提，内因是事物发展的基础，事物的稳定有效发展需要内外部因素结合，共同发挥作用。所以，在实施产教融合的过程中，既要从外部政策、制度、文化等方面来推进，同时也要完善现有的产教融合运作机制。要实现产教融合的设计与执行目的，构建一套可行性、实用性较强的产教融合运作机制是十分必要的。所以要坚持全面性、系统性的原则，综合考虑、全面实施，把企业运营和办学的各方面因素有机地联系起来，形成一个具有特殊功能的整体，内部相互推动促进，从而达到产教融合办学目标并实现预期效果。

在新的历史背景下，"提高教育质量，扩大就业，推动经济转型"，必须通过产教融合、校企合作，以此推动我国从人力资源大国向人才强国的转型。在理论和政策分析、典型案例、国内外经验借鉴、体制机制审视与构建的基础上，现提出国家层面与省级层面职业院校产教融合体制机制构建和实施的政策与对策方面的建设性意见。

## 一、转变观念，明确规定产教融合相关事宜

不管是学校还是企业，都应该正确理解校企合作的深刻内涵，把产教融合作为一项制度来规定。

### （一）学校方面

目前，学校领导已经充分意识到校企合作对于学生就业的重要性，他们一般都会把校企合作融入各自院校的发展计划之中。但是，因为在认识层面上的限制，尽管学校已经将校企合作列入学校发展的整体规划中，但也只是在宏观上的规定，而在具体的实施方面，缺少了一些具体的规范，比如：学校对校企合作的资金投入，必须设置相应的组织机构，并安排相应的人员对校企合作进行管理，或者某专业必须参加校企合作，且校企合作的方式为学生实习、教师实践，或者规定某些系、专业必须进行多少个校企合作项目等。有些校企合作的成效并不理想，通常都只是走走过场，或是合作专业太窄。为此，学校领导要改变观念，要充分认识到学校作为一个教育实体和学校在培养人才中的重要任务，重视校企合作，并将其纳入整体规划中，对其具体的实施方案做出相应的规定，从而真正地引导校企合作的开展。

### （二）企业方面

企业是一个以"利润"为核心、关注效益最大化的经济实体，而校企合作几乎并不能为公司提供短期利益，因此，很多公司的领导并没有把校企合作作为公司发展的推动力，更谈不上把校企合作作为公司发展的战略重点。美国经济学者舒尔茨提出了人力资本理论，并指出人力资源在各种类型的资源中居于首位，其作用远大于物质资本。纵观世界上许多国家的企业发展过程，我们可以看到，校企合作对产业、企业的发展起到了极大的促进作用。一家企业想要做大做强，就一定要拥有自己的特色作为其核心竞争力。而企业和企业之间的竞争，实质上就是一种人才的竞争。在这种情况下，校企之间的合作，能够最大限度地发挥出学校对企业的资源优势，对企业所需的人才进行培训，并对员工进行继续教育。与此同时，还能够与学校在研究方面展开合作，攻克技术难题。所以，企业要对校企合

作有一个清晰的认知,要有一个长远的视野,要意识到它对于自己的稳定发展是多么重要,将它纳入公司的长远发展规划,制定相关的制度,加强校企合作的力度。

## 二、成立产教融合办学运行机构

在校企合作的层面上,因为学校和企业属于两个不同的组织主体,它们的特性和性质也各不相同,所以在实际工作中,想要产教融合得到有效的实施,并且取得良好的效果,这是一件非常困难的事情。为此,政府、学校和企业应成立校企合作的组织机构,并有专业人士对校企合作进行整体规划和安排。

### (一)政府层面

中央和各级政府应当设立校企合作的管理机构,对其涉及的事务进行管理。可以从如下两方面入手:

1. 国家应成立"校企合作"指导委员会,加强对学校和企业的管理。这个委员会的成员应该包括教育部门、劳动部门、经济部门的代表以及职业教育方面的研究专家与学者,它们的工作内容包括:制订校企合作的发展规划,并用随机抽取的方法对校企合作展开督导、检查、评估,还要负责建立与校企合作有关的部门联席会议制度,向中央政府提出校企合作的政策等。

2. 各级有关部门要成立校企合作工作领导小组,指导学校与企业的协作。其成员由地区教育部门、劳动部门、经济部门和地区的职业教育研究专家学者组成,主要负责校企合作的发展规划的执行,并对校企合作的资源配置、条件保障、政策措施的落实等方面的工作负责监管,同时还要对所在行政区域的校企合作进行督导、检查、评估,在需要的时候还要对校企合作中双方的利益进行协调。

### (二)企业学校层面

校企合作是一种两个主体共同参与项目的合作方式,需要院校与企业各自建立一个专门面向校企合作事务的管理组织,这样才能高效地开展校企合作。不然的话，一切都是虚有其表。

1. 企业应成立校企合作部门，对与校企合作相关的事宜进行全面的管理。比如，如何使用校企合作基金、安排校企合作参与人员、进行校企合作的宣传工作、学习校企合作的政策、进行校企合作的效果的考查评价等。

2. 学校应专门成立校企协作处，对校企协作进行具体的安排。例如：校企合作的时间安排、对象安排、评估校企合作效果、使用校企合作资金、学习校企合作的相关政策以及校园宣传等。

### 三、明确政府、企业、学校三方在产教融合中的地位与作用

政策和制度是硬性的，要想真正发挥出它的效力，最重要的要靠执行，而在目前的人们普遍自主自觉观念不强的现实情况下，政策和制度的落实必须要进行有效的管理。所以，如何在校企合作的全过程中，加强对校企合作的管理，落实有关政策和制度，将成为校企合作顺利有效开展的重要环节。校企合作是指学校与企业之间的合作，更大层面上也是教育部门与经济部门的合作，它需要得到国家及各级政府的高度重视并积极参与其中。学校、企业、政府三者在校企合作中所扮演的角色是不一样的。类似于在学校的教育教学中，以校长为领导、以老师为主导、以学生为主体，在校企合作的过程中，政府扮演着领导的角色，要将自己的责任和作用发挥到最大，对校企合作展开宏观层面的调控和统筹。在此过程中，企业应起到积极的主导作用，运用自身所掌握的信息，引导学校与企业之间的合作；而学校作为校企合作的主体，应积极发挥自己的优势，积极争取校企合作项目。各主体因其所扮演的角色不同，其所承担的责任也不尽相同。

（一）充分发挥政府宏观管理功能

1. 制定具有权威性和全面性的校企协作规范和指南。目前，尽管我国对职业院校的校企合作给予了高度重视，并多次通过立法鼓励和支持，还成立了校企合作协会，进行了规模较大的校企合作试点，但仍未形成一套可供实际操作的校企合作准则及指导手册。但是，国内的高等职业技术学

院的发展时间还较短,而且在校企合作方面也没有丰富的经验。为此,政府部门有必要出台一本具有权威性、灵活性和综合性的指南,为校企合作指点迷津,并在实际操作中建立与之相适应的条例规定。

2. 加强对校企合作的重要性及必要性的宣传。目前,无论是学校还是企业,对校企合作的理解都不够深刻,甚至是有偏差,这都影响了其实施的成效。许多公司缺少一种成熟的协作式教育理念,大多数公司只重视在招聘员工时的选拔,而对人才的培训并没有过多地介入;有些企业以自身的经济利益为先,在企业的眼前利益与长远利益发生冲突、企业自身利益与社会利益发生冲突时,他们就会把校企合作当成一种附加的负担。学校的管理人员也经常会有多一事不如少一事的想法,不太愿意开展校企合作,而且由于缺少与之相适应的激励机制以及外部的压力,相关部门的负责老师也不够主动。所以,政府要利用各种途径,加强对校企合作的重要性及必要性的宣传,营造出一个重视校企合作的社会氛围。

3. 校企合作由地方政府进行巡回指导、检查和评估。从当前校企合作的情况来看,大多数都是职业院校为求生存与发展,积极与企业界开展合作,而企业主动与教育部门开展合作、共同办学的情况较少。这表明,目前的校企合作仍然是一种单边的行为,缺乏相互沟通联系。为此,各地应设立专门的工作机构,并结合当地的社会、经济发展特点,由专职人员指导校企合作的工作。与此同时,还要对学校与企业合作的各种政策措施的执行情况进行检查,并对学校与企业之间的合作的总体成效进行评价、总结,为下一步的指导工作积累经验。

4. 规范管理人才中介、教育机构。人才中介、教育机构往往具备足够的信息资源,这是在"互联网+"时代催生出的校企合作桥梁。从调查了解的情况来看,全国各地区存在不少这样的机构,由于掌握了企业用人信息,同时了解职业院校情况,使得其存在仍然十分必要。但管理与经营状况参差不齐,如何发挥好他们的作用需要制定更为具体的操作办法。建议借政府政策制定的机会,对人才中介、教育培训机构进行一次全面清理,并制定其行为规范,避免以校企合作为名,实施高收费、高成本招生和低成本培养,避免以顶岗实习为名,将职业院校学生成建制进行劳务输出。

定期或不定期开展《职业学校学生实习管理规定》执行情况监督。

5. 完善保障学生顶岗实习和就业权益政策。明确保险部门制定学生企业实习责任保险，确定专门费率，签订学生企业实习三方（四方）协议，设立学生申诉制度，对不按规定安排实习或不落实学生相关权益的行为，由政府出面进行调查处理。

6. 政府主导构建平台推进产教融合、校企合作。设置产教融合平台，发挥平台的示范引领作用，是政府引导产教融合的关键。目前，学生顶岗实习、在当地就业、就业后的稳定性和成长性，均缺乏一个权威统计与监督，如果，在每一个产业园区设置一个产教融合信息平台，将为产教融合的持续推进，为政府购买服务和政府项目支持，提供可信度高、操作性强的发展平台。在这个平台下，还根据产业园区发展规划推进其他产教融合项目，如：企业顶岗实习基地、教师培训基地、协同创新和成果转化中心，学校员工培训基地、创业孵化基地等，这样，政府主导、企业主体、学校服务的作用均可在这一平台下发挥出来。也符合"将学校建在产业园区，将专业建在产业链上"的职业教育建设思路。

除此之外，地方政府还可以通过制定各类校企合作项目、人才培养项目等，来推动学校与企业之间的合作。

### （二）企业积极参与，充分发挥主导作用

通常，企业在校企合作中的主导地位主要表现为：企业为学校提供设备和资金支持，以提高学校的软硬件水平；给教师提供一个较好的实训与研究的平台，充分利用教师的专业优势，增强他们的实际生产经验，提升他们将科研成果转换为生产力的能力；设置实习场所，培养学员的技术技能素养，提高其运用知识以及就业的能力等。此外，在校企合作过程中，企业发挥主导作用也表现在以下方面：

1. 企业对学院的专业设置、课程设置等方面的参与。企业要想在竞争中立于不败之地，就必须主动地去适应市场的变化，采取行动。在校企合作过程中，企业可以参与到学校的专业设置、课程设置等事宜中，对学校的专业设置和课程设置提出建议，并进行引导。

2. 企业内部的专业技术人员到学校做兼职。公司的技术人员到职业院

校兼职工作，把企业人才的需求、技术的发展等最新信息带给院校。

3. 企业参与科研项目。企业与学校合作展开科学技术项目上的研究，可以把市场上的需求传递到学校，从而引导学校的研发，使学校的科研可以更快地投入市场中，从而产生经济效益。

4. 企业参与校企合作，能将先进的经营思想、企业文化引入学校中，既能提高学校的管理水平和办学质量，又能提高职业院校的社会知名度。

**（三）学校主动参与，充分发挥主体作用**

学校与企业的合作，其主要作用一般表现为：企业可以为职业院校提供自己的师资资源、硬件设备，学校为企业提供员工继续培训，使企业的员工能够持续地更新知识和技术，从而更好地促进公司未来的长期发展；学校为企业提供培养的毕业生，不仅可以保证企业人才的数量，还可以提高其人才的质量，降低由于人才问题而导致的各个方面的损失；学校对企业生产的各种产品进行技术支援，并对生产过程中出现的各种技术问题进行解决。

在校企合作过程中，学校发挥的主体作用还表现为以下几点：

1. 教学主体。校企合作，是一种以育人为主的教育模式，学校在其中承担育人任务。在教学中，理论和实践是相互渗透融合进行的，应以理论教学为重点。此外，还应在实训时与企业签署劳动合同，以保障学生的合法权益。

2. 科研主体。学校与企业在科研项目上的合作是一种智力合作，学校作为主要力量应充分发挥自身的优势，为企业开发新产品、新技术提供支持，提高企业的市场占有率，推动企业的快速发展。在目前用人制度规范性不高的背景下，职业院校需要保持"科研主体"的地位，以确保校企合作的顺利进行。

3. 保留对专业设置和课程设置的最后决定权力。虽然校企合作提倡企业在学校的专业设置和课程开发中发挥作用，但它的最后决策者还是学校。校方要在不断地征求行业、企业的建议后，根据自己的特点，按照"协同育人"的理念，来进行专业和课程的设置。

4. 评价主体。在校企结合模式下，应充分发挥企业评价的独特作用，提高人才培养的质量。但是，造假现象难免存在，所以，学校作为校企合作评价的主体应扮演重要角色，学校应当充分倾听企业对学生的评估意见，并结合自身的评估结果进行最后的判定。

## 四、创造条件，保障产教融合有效运行

### （一）学校必须加强自身建设，提高自身对企业的吸引力

职业院校应该充分认识到，校企合作必须建立在双方共同参与，共享共赢的基础上，只有"有利可图"、没有后顾之忧的条件下，企业才会积极参与。因此，职业院校要提高自身的教学质量和办学水平，吸引企业的关注和参与。

1. 加强职业院校的基础能力建设。职业院校的基础能力建设，包括实践教学基地建设、教师队伍建设、专业建设、课程建设等。这不仅是高等职业院校教育教学质量的重要保障，也是提升企业加入校企合作吸引力的关键。改革开放后，我国对技术人才的需求不断增加，职业院校在国家的支持下发展迅速，实现了规模化的高职教育发展。然而，由于高职教育发展历史短、速度快、规模大，职业院校的教育质量已成为一个值得关注的问题。为此，必须强化高等职业院校的基础能力建设，为学校的发展创造良好的环境，以促进高等职业院校的发展。

2. 提倡以个性为重的学校办学。个性办学就是各个职业院校在办学过程中，不能盲目追求相同，而要发挥自身的优势，彰显自己的特点。高职院校应以个性办学为指导思想，通过对所在地区的情况进行较为深刻的分析，结合自身的优势，有针对性地开设适合本地区和自身发展的专业及课程。

3. 对科研工作给予重视。目前，仍存在"职业院校的研究水平不高，对企业的帮助不大，企业与职业院校的合作是学校找上门去的，对与职业院校的合作没多少兴趣"[1]等现象。因此，职业院校要提高自身的科研水平，建立高水平的科研队伍，以高层次的科研能力作为校企合作的资本，

---

[1] 何文涓. 浅析德国的"双元制"与我国的"校企合作"——德国的"双元制"对我国职业教育的启示[J]. 教育学术月刊，2008，（2）：83-84.

让企业既享有科研服务，又参与校企合作。

### （二）创造条件，加快企业的发展

经济基础决定上层建筑，长期稳定实施校企合作，需要企业的雄厚实力。指望一个连自己都经营不下去或勉强自保的企业，去花人力物力财力来参加校企合作，并为其公司培养人才，这似乎是不可能的事情。唯有公司强大起来，各项配套设施完善，有了足够的资本，才有加入校企合作的可能性，就像我们古代所说的"庶、富、教"。所以，政府应该从企业的角度，给予政策优惠，以使企业发展壮大，同时国家应拓宽企业的参与渠道。

积极推进教育部等六个部门制定的《职业学校校企合作促进办法》的贯彻执行，推进省级《职业教育校企合作促进条例》的出台和执行。重视行业部门和组织对职业教育与培训工作的指导，在重要的领域中建立行业职业教育教学指导委员会，并支持一些产教融合试点城市、试点行业的建设。支持地方骨干企业通过独资、合资和合作的形式，对职业教育进行投资办学。要坚持准入条件透明化、审批范围最小化、细化标准、简化流程、优化服务，对准入条件和审批环节进行优化。通过购买服务、委托管理和规范收费等方式，扶持龙头企业参与公办职业院校办学，促进产教融合。在有条件的地方，要积极探索对职业院校进行股份制混合所有制的改革，使企业能够以资本、技术和管理等要素，通过合法的方式参与到学校的办学中，并享受到相应的权益。支持领军型企业和公立职业院校合作，开设混合所有制职业院校或二级学院（系部），经过批准后，可以将其设立为非营利性法人。同时，要维持现有的投入渠道和支持政策，引入社会优质资本和人才，并实行相对独立的人员任命与经费核算，以保证人才培养质量的持续提升和国有资产的保值增值。

### （三）加大政策宣传力度，促进政策有效落实

近几年，我国政府也出台了多项支持校企合作的政策，但是缺乏足够广泛的宣传，很多政策并没有得到有效的实施。例如，2007年，国家税务总局发布了《企业支付实习生报酬税前扣除管理办法》，其中明确了企业向实习学生支付的工资，可以按照本办法的有关规定，在企业所得税的计

算中扣除。然而，大多数职业院校、企业单位对此知之甚少。即使一些职业院校和企业已经了解到了这一点，但是由于其烦琐的程序，在实践中还是存在一定的困难。因此，要加大校企合作相关政策的宣传力度，各地、各部门和各学校要对深化产教融合的必要性、紧迫性和重要性进行广泛的宣传，让产教融合成为地方经济社会和行业企业发展、学校办学、教师教学、学生成才成长的内在需要、必然选择和自觉行动。与此同时，加快推进收入分配制度、企业用人制度、学校编制、教学科研管理等方面的配套改革，引导学校积极为经济社会发展服务，企业注重"投资于人"，积极创造一个全面理解、积极支持和积极参与的社会环境。

为此，应采取以下几种对策：一是召开职业院校校长会，在会上就近期学校与企业之间的相关政策法规研讨学习。二是办好职业教育方针政策期刊，在期刊上，要开辟栏目，分析和宣传职业院校的校企合作政策。三是无论是在政府、企业还是在学校，都应设立校企合作栏目，并以不同的形式向社会公布与校企有关的政策。四是利用网络、电视、广播等媒体，广泛宣传职业院校校企合作的有关条例政策。在职业教育快速发展的今天，我们应该充分发挥社会公众的互动式宣传功能，让更多人知晓职业院校产教融合的有关政策，使得更多的企业参与到产教融合中，从而全面促进职业教育产教融合高质量发展。